Per coloro che desiderano vivere,
l'amore e la perdita saranno con
nboi per sempre. Vagare piu spesso
che puoi. Apri le tue ossa alla magia
al di fuori delle tue convinzioni.
C'e altro qui fuori da vedere e in
cui imbatterci. Andare senza meta,
instancabilmente e senza scuse.

-karnes-

The Red Journal

-A Poet's Journey-

6:47PM
10.8.23
Castellina in Chianti

Being here, I have forgotten so much of what has happened to me and who did it to me. I have forgotten who a lot of people are and what position they once had in my life. I know when I get back next week, nothing will be as it was, and I will love my life more because of this trip.

7:36PM
10.8.23
Castellina in Chianti

The sun is now gone for the day, which leads us further into another night over here in a country that embodies the majestic side of all things dealing with synergy. The sunsets are not American, and that is the worst thing I can say.

8:37PM
10.8.23
Castellina in Chianti

Beneath the stars us where he found her, spread across the evening lawn in her favorite colored nightly gown, made of promise and soothing sounds. Her back kept the world from falling and the night full of love, never leaving.

10:11PM
10.8.23
Castellina in Chianti

You became someone I never wanted to be without. I took that personally ti the point of if it was not going to be me you, I would be alone forever. But I know you will not be. So for me, it will not be you, and for you, it will not be me.

8:25AM
10.9.23
Castellina in Chianti

Between the sips of coffee, these petals get closer to my fingertips. On every table, they sing, laugh, and talk about the adventure that brought them all the way to this very place. A bee swings by, accepts its tale, and both help one another carry a new story.

8:32AM
10.9.23
Castellina in Chianti

Many will never get this opportunity, while workers work the vines out in front of us. I always think about those less fortunate, because it matters to have perspective when you are trying to gain knowledge.

9:01AM
10.9.23
Castellina in Chianti

Living the life I have lived, there is still hope I will be able to give back enough to those who have given more to me than anyone who told me they would never leave me.

9:20AM
10.9.23
Castellina in Chianti

As the fog lifts, you can see the faces left behind from the earth's past life. Down here, where the humans fight for love, this part of the world fights to remain alive and alone, without needing humans at all.

9:30AM
10.9.23
Castellina in Chianti

The fog sits back down below the curvature of the lands, as if it were putting itself back together by each mosaic piece at a time, Experiencing this place alone has changed me forever. From now until I am gone, Tuscany and its sun will be with me and my lonely.

10:06AM
10.9.23
Castellina in Chianti

Lay your hands next to mine, but do not touch them. Let the linger be there intently, with nothing but flesh and bone to spare. Pick the stars from underneath your nails. Nothing will take you from your home again, not even me.

11:01AM
10.9.23
Radda in Chianti

This town is similar to Central Park in New York. People outside near the trees painting, all the markets are open, streets flooded with tourists, and regulars all doing their own thing. My inspiration has never been more on fire.

11:26AM
10.9.23
Radda in Chianti

We are the living, the artists,
the creators of spoken thought
and written language of a soul,
From fragile bones we grow by
each word. We die more by not
creating and suppressing our gifts to
fit into a world we do not belong to.

11:27AM
10.9.23
Caffe San Niccolo

Drinking the best cup of Americano

I have ever had in my entire life.

The sun is out. The sky is blue.

There is not a lot that could take

away this precise feeling of nirvana.

1:15PM
10.9.23
Castellina in Chianti

The afternoon birds are back. They all sing along with the buzz of the bees. The weather the last several days has been serene. Before this trip, it was supposed to be colder, cooler, and raining. Nothing but sun has found us and completely dried out any worries or doubts any of us have had about life in general. A cup of coffee and a Cuban cigar under olive trees changes lives.

2:25PM
10.9.23
Castellina in Chianti

Washing and drying clothes now. The dryer does not work all that well, so we have had to air dry the clothes using every chair we could find. It is not ideal, but this is how most of Italy dries their clothes anyway. Live. Learn. Adapt.

5:39PM
10.9.23
Radda in Chianti
21/Fondaccio Pizzeria

Last meal of the trip here was tonight. I had the spaghetti bufalo, with fresh mozzarella. Asa ate the Ravioli with trufle. A dish he loved last time he had it. My dad got the Ravioli I had last time we were here, pear and walnut. I bought 3 more leather journals I asked the woman to make for me. I carried this red journal to eat, as I have with every place we have went since getting it. I took it out of my pocket and showed her the back of it. She smiled and helped me with the other ones I got tonight. She added an extra one for free. One of the sweetest humans I have met being here. The pizza I ordered, Sicilian, came with anchovies. Asa did not want to risk getting sick, so we cut them out and ate what was left. It was still an amazing pie. Crust, sauce, cheese. We packed what we needed to be packed. I am leaving some clothes here so I can pack the new stuff I bought while on this trip. I had a feeling I would need a bigger bag, but I did not feel like carrying around more than I needed to. It is not the end of the world to leave behind clothes I have worn for over ten years now to make room for new ones I bought here to go along with the souvenirs I got as well for my mom and older brother to give to them when the holidays come around.

6:44PM
10.9.23
Romino #12
Castellina in Chianti

May the memories you make where

you go, stay with you, and may they

find you again under every sun,

Tuscan and in the States.

7:59PM
10.9.23
#12

If I told you how you would look
under the Tuscan sun, we would
have to take it everywhere with us,
because you would never believe
me again if it was not tucked gently
underneath your arm. You would
still be a darling, a true and mighty
beauty without a farewell song.

8:04PM
10.9.23
#12

Being here has taught me how to fall in love again, how to fucking feel something, and just how much they mean to you. Love may never look better than a sunset here alone. Maybe that can sustain me until the satellites fall from above.

8:55PM
10.9.23
#12

Underneath the breeze, through
branches beneath us, and the
constellations holding us
by the finger and thumb,
I will remember with vivid
validity how the crimson night,
the fluid colors, and darkness
married our sorrows and fears
together, forevermore.

8:15AM
10.10.23
#12

Goodbyes are a very delicate thing. You are never sure if there is a good part within them or if you will ever hear, hello, from it again. You can only hope in your continued years, that one day you will discover something beautiful to say goodbye to again, and begin a new, hello, when you feel as though you are ready for that kind of heartache.

9:53AM
10.10.23
A1 Highway

Through the hard times, the hardest
goodbyes from from the eyes of a
place you never thought your own
would see. I have been fighting
myself from within ever since
my mother gave birth to me. Today,
I am a warrior for the traveler I am.

11:17AM
10.10.23
A1 Highway

Finally had to use the side of the road for a bathroom break. We saw it all the way up to Tuscany. They have parts of the road flexed out to where you can pull over and use it as a pit stop. Fascinating how they do not have bathrooms or actual rest stops here.

11:59AM
10.10.23
A1 Highway

Keep me as close as you can.
Feel the sun melting between us,
the oceans drowning in our love
for a change. Lay right here with
me until nothing else exists but us,
endlessly tied by infinities.

5:26PM
10.10.23
Sheraton Rm. 2025
Ferno, Italy

If missing you becomes the duty of my words, may my soul never fail at communicating precisely how much I die every day when the missing turns to scars I share and the wounds I open daily by slicing through these pages with a sharpened pen.

7:26PM
10.10.23
Sheraton Rm. 2025
Ferno, Italy

I find myself thinking a lot less of
who you once were to me and more
about the space in my life I now
have, and have had for years now.
How sad I was and how pathetic
I have been, believing you would
return to me to fill the same hole
you left within me.

9:29PM
10.10.23
Sheraton Rm. 2025
Ferno, Italy

You are the dream-walker in this life for me. How thankful I am to have your eyes, hands, smile, and every tangible bit of you on the other side when your eyes are closed and mine happen to still be looking for you on my side of the world.

6:43AM
Gate B79
Malpanesa

I now have a greater appreciation
for those who come to the US and
look as we do and have in a foreign
country. It isn't easy getting through
this airport, through this country,
through the last ten days, but we did.
A bit more wiser, but also happy to
live in the States after seeing parts
of this country.

6:56AM
Gate B79
Malpanesa

It feels as though we have been in country for weeks now, but it has only been eight days. I am not sure if you need more time than that in one area of this country. It is such a headache trying to get around, but the beauty in the parts we went to made it all worth it.

7:40AM
Gate B79
Malpanesa

Being in airports is such a petri-dish of sights, sounds, experiences, emotions, feelings, humanity, and observations. This one mother is trying to run her kid tired. Her husband did it first, and now she is doing it. Flight attendants are here now. Boarding within the hour I would imagine. The cafe here has been packed since 6:30AM. I have never been so ready to be back in the States, besides fighting a war I was ready to get back from.

12:55PM
10.11.23
JFK

Your life is only measured
by the wrinkles on your smile.
Like the tree rings, the only
thing that matters is how
much you lived while you
were alive, Smile.
Anyone can be sad.

3:53PM
10.11.23
JFK
Seat 35

I have not flown this much in over a decade and I know I am not on the edge yet, but nicotine withdraws are a real thing. I have pouches, but the nerves are frayed a bit. Sitting here watching people try and find room to fit their luggage. Babies are crying, humans are trying to settle into their seats. Thankfully, it is the last flight of the day for us.

4:32PM
10.12.23
SLC

Lean on me when you feel your
own heart falling apart. My own
has known the broken side of home,
all the mosaic shadows that haunt
you and keep your light from
getting out. Lean on me, and I will
keep you above the sun and moon.

9:08AM
10.13.23
Park Cafe
SLC

To the mornings we wake with sun

on our faces, may we never regret

the shadows we see, the love we

find in the rays of the youth and

purpose behind it all.

1:45PM
10.13.23
No Name Saloon
Park City

Take these thoughts, this rage,

this insanity living inside of these

rusted bones. I want you to love me,

and only you to fucking fit your

golden body into my hands.

1:48PM
10.13.23
No Name Saloon
Park City

This mind of mine has been unleashed, to ravage, to consume, to devour properly the energy and vibes this tender place has to offer. A lover never leaves you, and I will make love to these forbidden thoughts about you, always. I will find a way to you through these written hypotheticals.

NEVER BEFORE SEEN WRITINGS

These are some of the oldest writings I have done and never shared with anyone. Some of them were typed in 2014 and others were done before that. Not all have dates on them, but I did mark most of my writings with a time stamp and date. The very first writings I typed were done using my Grandmother's IBM Selectric III. They remain some of my best work to date, even at ten years old in some cases. I hope you enjoy them. I am saving the rest of the red journal for another book.

<u>TYPED IN 2014</u>

As a kid, I had so many ideas and feelings in my head, it felt as if I was different. Lucky for me, I found a way to bring life to paper with just a pen. You see, now all of my runaway thoughts and colliding words have a place to live. Years have passed me by now, and my thoughts are now my children in a sense. I have watched them grow and mature over time, which has allowed me to understand them better. This world can give and it can take away everything if you allow it. Maybe I wasn't as different as I thought; living in a place where life was different.

11:27AM
5.25.19
St. George, UT

Thank you for being my lighthouse the last handful of years. I could not imagine finding my way without you. No one else could have saved me and brought me back and restored all of me with magic and love. I will always treasure you regardless of what we become, because what we were was more than that.

12:27PM
5.24.19
St. George, UT

The devil cannot take you away.
My happiness is you. You are my
way. You are my inside pursuit of
a miracle. Any devil could have you,
but it will cost them their life if any
ever try. The devil would love to
have my silence, but I am an
endless howl, an everlasting voice
of ache for you. I'll savor you for
the rest of my breaths.

7:41PM
5.22.19
St. George, UT

May the wild in you stay young and

free until all that is left is to love

more of the life you make.

8:52PM
5.22.19
St. George, UT

There is still magic to be made and dreams to chase. You are on your way to where the ocean drinks the stars and the memories never age with time. You were made to be you. To be this exact version you are not quite sure of, but I believe in you and what I see in front of me. This is the moment you have waited your entire life for. Please, lovely human, do not waste it on a maybe.

8.2.17
1.23PM
Mustang Island, TX

We knew what we were doing, yet

we found ourselves losing it all each

time we held each other, looking for

a deeper reason to give more than

our bones and souls.

8.2.17
1:31PM
Mustang Island, TX

Kiss her beyond the love you

think you can give, Love her further

beyond the vert existence of the

universe and all of its possible

outcomes of it working out in your

favor. Allow yourself this hope.

8.22.17
2:19PM
Mustang Island

You and I both have something

we cannot kiss enough or hold

long enough. We barely have time

to say hello while we are alive,

but hello is the only thing I

want to keep telling you.

2:36PM
2.14.22
Lubbock, TX

I wish there was a better way to be here and create with you. I am still unsure of the direction we will go. I am unsure what happens next. Day to day. I am trying to listen to you and still hear myself.

2:41PM
2.14.22
Lubbock, TX

Maybe there will be another world
we will all see the ones we wanted
to never leave. Love travels beyond
this space, these miles, this ache.
There will be a night when the bed
becomes another reason to stay.

2:44PM
2.14.22
Lubbock, TX

My love for you has always been the words. They have always kept me comforted when your body was never here. I miss you, and I will always miss you.

2:46PM
2.14.22
Lubbock, TX

It feels like things are getting

back to normal. More people.

More talking. Less distancing.

It feels like humanity is coming

back to the humans who were

forced into a hibernation.

2:48PM
2.14.22
Lubbock, TX

Seeing life out here with you, it has been a beautiful surprise. I have my days when I do not need affection, and then there are days when I ask too much of myself to make it work.

2:49PM
2.14.22
Lubbock, TX

I try not to take anything seriously.
I am not myself when I feel
pressured into life or forced to react.
My stubbornness is not a reflection
of you. It is me trying to let in
someone else.

2:51PM
2.14.22
Lubbock, TX

You must show up to your own life. You must ask more from yourself than those who only want things from you in return. If you fail, fail at overdoing anything that makes you happy, and does not leave you hurting with regret.

2:53PM
2.14.22
Lubbock, TX

It has been such a wild week here. Many ups and downs, trying to figure out and feel out what life would be like with you. There are a lot of questions I am going through and deciding how to ask, but my maturity and space has no patience for kids, but I am trying for you, for us, for what we are both working at.

2:55PM
2.14.22
Lubbock, TX

I know there is a way we will

find what we need. It may not be

found in someone else. Not all

love is needed except when it

comes to ourselves.

3:09PM
2.14.22
Lubbock, TX

Within these words, lies a soul aching for someone who will never come back, In dreams, there is only so much time to hold on to the love you are without. Living in dreams is not the place we can survive when our bodies demand connection and contact, skin to lips, hands to thighs, moans to whimpers.

3:10PM
2.14.22
Lubbock, YX

I know you are doing all you can, and I know none of this is ideal, but if you truly want and desire something, you must go beyond the sun and moon to get to the stars you are giving chase to. Only there will you know how it feels to be alive for something you may never know in this lifetime.

The last several pages of this book is from a journal I kept and wrote in during my time in Lubbock, Texas. It was the last relationship I was in, and may be the last one I am in for a while. It did a number on me, even though love was fiercely felt and given, the situation itself was not what I was in need of. I thought I could figure it out, but once you know and feel things are off, you need to address it or you will end up living the rest of your life regretting it and ruining your own life and the one you are with. My heart still hurts knowing I left her after all of the beautiful moments her and I shared. I hope one day it will work out the way it was supposed to. I still hope to see her again. I think we all have that someone we want to see again. Good or bad, it all needs to be taken care of before moving on for good. Never leave a full love on the table.

कविता संग्रह

बी. एल. यादव

अंजुमन प्रकाशन

अंजुमन प्रकाशन
942, आर्य कन्या चौराहा, मुट्ठीगंज
प्रयागराज - 211003 उत्तर प्रदेश, भारत
website - www.anjumanpublication.com
E-mail - anjumanprakashan@gmail.com

प्रथम संस्करण, पेपरबैक, अंजुमन प्रकाशन द्वारा 2021 में प्रकाशित
आवरण व टाइपसेटिंग - अंजुमन प्रकाशन, प्रयागराज

ISBN : 9788195304509

समर्पित...

पुत्र महिपाल सिंह और मनोहर सिंह को समर्पित!

भूमिका

मानव जीवन में सौन्दर्य के प्रति आकर्षण कुरूपता से कुछ कम नहीं। ये दोनों परस्पर पहचान दिलाने वाले तथ्य हैं। श्रेय व प्रेय में से औचित्य का चयन मानवीय विवेक पर निर्भर है। वर्तमान में अविवेकी चयन के फलस्वरूप, वैयक्तिक वा सामाजिक व्यवहार में सत्य, स्नेह, समता, करुणा, उदारता जैसे भावनात्मक उज्ज्वल मोती धूमिल पड़ते जा रहे हैं। अधिकांश मानस धन, धर्म व जाति आधारित बड़प्पन के गुबार से मानुषिक चमक फीकी करता दिखायी दे रहा है।

नशे की बढ़ती प्रवृत्ति रचनात्मकता में प्रमाद, कार्य-शैली में उन्माद तथा नादान शैशव के साथ घृणित चारित्रिक उत्पीड़न वाला अवसाद मानवता को कलंकित कर रहा है। नैतिक एवं संवैधानिक आचरण बेलगाम होता जा रहा है, मानव मूल्य गिर रहे हैं। मानवी सुख-दुःख की सुधि एवं दुराचरण पर नियंत्रण का दायित्व सरकार के अतिरिक्त व्यक्ति व समाज का काम नहीं है।

संविधान में उल्लेखित शब्द 'निरपेक्ष' का मखौल उड़ाया जाता है जबकि हमारे अंतर्मन को निष्पक्ष भाव से व्यक्ति, संगठनों एरां समाज की पीड़ाओं पर अपने-अपने स्तर से निर्णय लेकर अग्रसर होना होगा।

'भटका हुआ विकास' कविता संग्रह में उक्त परिदृश्यों का चित्रण कविताओं के माध्यम से मेरे द्वारा किया गया है जो मेरे निजी विचार हैं। इन रचनाओं का मुख्य उद्देश्य प्रगतिशील समाज का निर्माण तथा राष्ट्र को अक्षुण्ण बनाना है।

मेरे विचारों का उद्देश्य किसी की भावनाओं को आहत करना कतई नहीं है। मैं आशा करता हूँ कि पाठकों की पसन्द, इस कृति तथा मेरे श्रम को कृतार्थ करेगी इति।

बी. एल. यादव (एम.ए.)
खनियांधाना, जिला- शिवपुरी म0प्र0

अनुक्रम

1. सरस्वती वंदना

वीणावादिनी मातु शारदे, हमें दिव्यता-जीवन वर दो।
उभरें निर्मल भव्य-भाव मन, चिंतन मैं वह शुचिता भर दो।

पर पीड़ा अपनी समझें हम, करुणा, द्रवित हृदय माँ कर दो।
सदाचार पर ये पद थिरकें, मन-वाणी को ऐसे स्वर दो।

अप्रिय अवांछित असुर वृत्तियाँ, मम-कृति से बाहर बुहार दो।
धन, वैभव, पद, सुयश, लालसा, ममता, लिप्सा से उबार दो।

सद् जीवन बाधक कटु बन्धन, काट सकूँ, वह बुद्धि धार दो।
तुम समर्थ मेघा, प्रज्ञा माँ, निज-सुत-जन, जीवन सँवार दो।

जगमग हो जाये जग-जीवन, प्रखर-बोध-जल से निखार दो।
वीणावादिनी मातु शारदे हमें दिव्यता जीवन वर दो।

ऐसी झंकारो माँ वीणा, मेघा के निर्झर झर जायें।
कुत्सित भाव-भँवर से उबरें, हम शुचि सौम्य किनारा पायें।

उत्कर्षों के शिखर चूमती, उत्साही सद्वृत्ति उदय हो।
अघ, अधर्म से हम लड़ जायें, दुर्जन से हो द्वंद्व न भय हो।

अनाचार अन्याय असत् का, बढ़ती दानवता का क्षय हो।
जय हो प्रखर ज्ञान-गंगा की, मानव प्रतिमानों की जय हो।

2. भारत गान

जय आजादी पथ-प्रज्ञा की, जय भारत जन विजयी रुझान।
जय स्वतंत्रता के जन नायक, जय वतन केशरी नव जवान।।

जय सुभट एक मत मतवाले, जय जोश अहिंसक दलभियान।
जय आजादी अरमानों की, जय सब हुतात्माएँ महान।।

जय भारत, भारतीय गरिमा, जय स्वदेश संरक्षा वितान।
जय भारतीय प्रतिमानों की, जय स्वतंत्रता नूतन विहान।।

जय वतन किरीट तिरंगे की, जय सद् समृद्धि शुचिता निशान।
जय शांति सुरभि भाई-चारा, जय जनगण-मन प्रिय संविधान।।

क्षय जाति, धर्म, भाषा प्रमाद, क्षय क्रोध, अहंकारी उफान।
क्षय पक्षपात, बेईमानी, क्षय स्वदेश प्रतिकूलता गान।।

क्षय अस्पृश्यता, अमानवता, क्षय सर्वोपरिता का गुमान।
क्षय विघटनकारी क्रूर तत्व, क्षय निजतावादी हठ विधान।

3. गुरु-गरिमा

मनुज नहीं कोई गुरु, अनुपम प्रतिमान हैं।
ज्ञान तत्व उज्ज्वलता, सागर सद्ज्ञान हैं।।

जिसने भी जान लिया, और वरण कर लिया।
उसका भविष्य अशुभ, क्षण भर में हर लिया।।

बिना विनय मिल जाते, विविध आशीर्वाद।
हम हैं जो नमन हेतु, करते निरा प्रमाद।

सद्गुरु को सेवा या, अर्थ की नहीं चाह।
खुश होते शिष्यों को, देकर सटीक राह।।

प्यार से बुहार दिया, करते सभी कुटेव।
शुभचिंतक, संरक्षक, गुरु सदा एकमेव।।

ऐसे गुरु ज्ञान पुंज, अपने श्रीराम हैं।
करते अज्ञान दूर, उन्हें शत प्रणाम हैं।

गुरु-कृति प्रति वचनबद्ध, होकर हम सो रहे।
नव युग-निर्माण कार्य, फिर भी सब हो रहे।

माना इस मानव की, कितनी औकात है।
फिर भी गुरु दीक्षा तो, अनुपम सौगात है।

गुरु के निर्दिष्ट कार्य, शिष्यों ने यदि किये।
भले हो सकें न उऋण, समझो, सचमुच जिये।।

शिष्य के लिए गुरु का, सदुपदेश प्राण है।
अनाचरित चेतनता, सारी म्रियमाण है।।

4. संतति-सुख- सागर

अगर तीनों देव के समतुल्य है गुरु, माता-पिता उस हैसियत से कम नहीं।
बालपन में भरण- पोषण वही करते, कोई देवी-देवता, हम तुम नहीं।।

गुणी दशरथ तनय ने समझी महत्ता, प्रजा इच्छा बिना वह आदेश माना।
पितृ श्रद्धा, व्योम से ऊपर उठाने, राज सत्ता मोह, तज कर पड़ा जाना।।

क्या मिला था भीष्म को दृढ़ प्रतिज्ञा में?, चाहते थे पितृ दुःख को ही हराना।
सीख वे दे ही गये जग पुत्रगण को, फर्ज कैसे पितृ गण के प्रति निभाना।

लगे बातें बुरी उनकी भुला देना, अगर उन प्रतिगानों रो टकराओगे।
योजना जीवन सुखों की व्यर्थ होगी, शाप बिन ही ठोकरें कई खाओगे।।

अतः जब तक साँस उनकी, करो सेवा, धर्म, तीर्थों का सभी फल पाओगे।
मटरगश्ती में अगर अवसर गुजारे, जायेंगे जब वे बहुत पछताओगे।

निकलती होगी चिता से लाल लपटें, अपलक बेसुध देखते रह जाओगे।
सूख पायेगी न पलकें मौन रोते, सिसकियाँ भी नहीं तुम, रोक पाओगे।

याद आयेगी अवज्ञा, अनसुनी फिर, विकलता उस पीर, रो-रो दिखाओगे।
फिर किसी दिन, अस्थि पुष्पों का चयन कर, मोक्ष- धारा त्रिपथगा में बहाओगे।

हो न हो सद्वृत्ति, तुम्हें मिलना न कुछ है, तुम वही खाक, छानते रह जाओगे।
उऋण होंगे नहीं उनसे, मुक्त भी तुम, कभी सान्निध्य उनका नहीं पाओगे।

कर्मकाण्डों से तसल्ली नाम केवल, तीसरा, त्रयोदशी, पटा कराओगे।
हर कदम पर क्लांत मन की भर्त्सना से, अनसुना रह भी कभी बच न पाओगे।

कभी जिनसे बहुत पाया, अपेक्षा है, तुम स्मृतियों में जब भी उन्हें लाओगे।
वक़्त के झंझटों से निकल जाओगे, आशीष की बूँद, बीज-सी बढ़ती है।

आस्था होगी, अगणित सुख पाओगे, अलग है विज्ञान से अध्यात्म कुछ तो
अभी शायद कुछ, नहीं समझ पाओगे।

5. भारत एक तीर्थ

भारत माँ का किरीट हिमगिरि, रवि किरण पुंज चमकाता।
नित अवनत हिन्द महासागर, पद पंकज सलिल घुलाता।

वे हिमालयी उत्तुंग शिखर, अड़ जलद नीर बरसाते।
इस विविध धर्म, भाषा, भूपर, हम विविध अन्न उपजाते।

सुरसरि, कालिन्दी, शुभ्र श्याम, ग्रीष्म, शीत ज्यों धूप छाँव।
चम्बल बेतवा आदि नदियाँ भूख मिटातीं शहर गाँव।

इस धरा अन्न जल सेबन से, जो देश निष्ठ बन जाता।
सच्चा नागरिक तीर्थंकर वह भारतीय कहलाता।

शिवनेरी दुर्ग, चिनार सहित, झाँसी की कसक कहानी।
अतिशय पीड़ित जीजाबाई, सह लक्ष्मीबाई रानी।

मेरठ, चित्तौड़, पोरबन्दर, कलकत्ता, बिड़ला मंदिर।
जलियाँवाला, अल्फ्रेड पार्क, हे राम राम इस भू-पर।

दुनिया के सब देशों से बढ़, अपना भारत संविधान।
जिसमें मूल्यांकन की क्षमता, वह कहता भारत महान।

मंदिर आरती, मस्जिद अजान, प्रार्थना रोज गिरिजों में।
गुरुद्वारों पर अरदास नित्य, जिनवाणी जिनालयों में।

समतावादी निरपेक्ष देश, भारत ही सिर्फ हुआ है।
गौतम बुद्ध ने विदेशों तक, आध्यात्मिक शिखर छुआ है।

6. बौद्धिक छलाँगें

सर्वव्यापी सत्ता का, चाहे जो नाम रख लो।
उसका हर नाम सत है, उसे कहीं भी परख लो।

विविध माधुर्य में वही, सामर्थ्यवान, करुण है।
उसमें कुछ निर्मित नहीं, नियत स्वाभाविक गुण है।

किसी ने अल्लाह कहा, किसी ने उसे बुद्ध राम।
कृष्ण, महावीर जीसस, पुकारा सुनाम तमाम।

अनेक सम्बोधनों से, लगा भी एक ही नाम।
नया क्या हुआ किसी में जबकि, नव का वही काम।

कुछ लोगों की मति रही, थामती नूतन कमान।
कुछ दीन, हीन ने बिलग, रच लिये निजी भगवान।

कभी एक के एक थे, अब निज नामों पर अड़े।
अलगाव, यहाँ तक हुआ, कि व्यर्थ बातों पर लड़े।

कौमी, जुबानी जिद में, हर तनातनी भी चली।
जो एकनिष्ठ पक्ष को, भीतर गहरे तक खली।

कुछ को सब छोटे हुए, वही बन गये बड़े हैं।
परमात्म-पुत्र अब कहाँ, हिन्दू-मुस्लिम खड़े हैं।

विविध धर्मों के रिवाज, सरल व कठोर बने हैं।
आपस में घृणा भी है, अतः परस्पर तने हैं।

जिधर देखो उधर आज, कई भगवान खड़े हैं।
वे उफ तक नहीं करते, बस अनुचर ही लड़े हैं।

क्या हो गया नर-वर को, धर्मों में भी धड़े हैं।
न जाने किस जंग हेतु, कई गुरु कूद पड़े हैं।

प्यास को ज्यों एकमात्र, पानी ही बुझाता है।
हर हाल में उसी तरह, सिर्फ एक विधाता है।

7. आर-पार की लड़ाई

बातें सुनी बहुत-सी हमने, शान्ति, स्नेह, सत्कार की।
कहो लड़ाई शुरू करोगे, कब से आर-पार की?

रिश्ता बिगड़ा हो पड़ोस से,
कुछ तो भी कारण है।
क्या तनाव बढ़ने का दिल पर,
कारण गहरा वृण है
या फिर यों ही मर मिटने का,
बचकाना सा प्रण है?
कुछ तो करो कि गाँठें, खुल जायें उस गहन गुबार की।
कहो लड़ाई शुरू करोगे, कब से आर-पार की।

भावुकता की भटकन में क्यों,
भटके भाव-बिहारी?
लच्छेदार शब्द-शैली में, तुमने अवधि गुजारी।
कर डाली आतंकवाद ने,
दुर्गति आज हमारी।
क्षमता धैर्य चुक गयी सारी, अब तो इंतजार की।
कहो लड़ाई शुरू करोगे, कब से आर-पार की?

मर-मिट गये अनेक निरंतर,
अब भी मरना जारी।
हुआ न कोई यत्न कारगर,
बचने की दुश्वारी।
आजादी के बाद अमन पर,
यही समय है भारी।
सुनता क्यों न आज अरि, कोई बात तुम्हारे प्यार की
कहो लड़ाई शुरू करोगे, कब से आर-पार की

जिस मसूद अजहर को तुमने,
उस दिन छोड़ दिया था
उसने ही संसद पर हमला,
कर प्रतिघात किया था।
और हमारी सम्प्रभुता का,
भी अपमान किया था।
कुछ तो सीमा भी होती है, बिगड़े के मनुहार की।
कहो लड़ाई शुरू करोगे, कब से आर-पार की?

उस अमेरिकी कुटिल चाल से,
चौकस रहो, बचो तुम,
भ्रामक उग्रवाद उन्मूलक,
छल पर नहीं नचो तुम।
अरे! बाँग्ला से भी बढ़कर,
नव इतिहास रचो तुम।
उसको समझा दो परिणति क्या होती है तकरार की,
कहो लड़ाई शुरू करोगे, कब से आर-पार की?

अक्षरधाम, गोधरा की उस,
घटना का खलनायक,
अपराधी अक्षम्य कैसे वह,
ध्वंस-वृत्ति परिचायक।
लोकतंत्र गाण्डीव धनुष से,
संधानित हो सायक
तभी मिटेगी दहशतगर्दी, जय होगी सरकार की।
कहो लड़ाई शुरू करोगे, कब से आर-पार की?

बातों से क्या बात बनेगी
कुछ तो कर दिखलाओ
आतंकी हमलों का बढ़ता,
ग्राफ जरा खिसकाओ।
अगर नहीं इतना कर पाते,
तो खुद नीचे आओ।
पहले बहुत बात करते थे, जनता के अधिकार की।
कहो लड़ाई शुरू करोगे, कब से आर-पार की?

आजादी के बाद प्रगति के,
हम सोपान चढ़े थे।
बोकारो, भाखड़नंगल से,
नव निर्माण गढ़े थे।
सन् चौरासी और बानवे,
बीच बिटंट बढ़े थे।
कहाँ जरूरत थी धर्मों के, नाम किसी हथियार की
पड़ ही गया अग्नि में घृत तो बातें कैसी प्यार की
कहो लड़ाई शुरू करोगे, कब से आर-पार की?

8. मित्र-चयन-संकट

निष्कपट हैं हृदय जिनके,
उन्हें सब जन एक दिखते।
किन्तु कुछ निज आचरण से,
भ्रामकीय चरित्र लिखते।

गुणों की समरूप मति ही,
मित्रता आधार बनती।
जहाँ हो वैभिन्य ज्यादा,
मित्रता में खूब ठनती।

परस्पर ही अशुभ चिन्तन,
निज प्रशंसा चाव गहरा।
डाह, ईर्ष्या, कृति-जनित-रज,
धूसरित मैत्रेय चेहरा।

कुटिल अंतःकरण वाले,
मित्रता कब समझ पाते
प्रेम के आह्वान पर भी,
चाल घटिया ही दिखाते।

प्यार-वश उपकारिता का,
मान भी नीचे गिराते।
उर- उदधि- मुक्ता महत्ता,
कहाँ कुछ जान पाते।

मित्र सच्चा ढूँढ़ पाना,
आज मुश्किल हो गया है।
दिखायी दे रहा बाहर,
वही भीतर खो गया है।

वक्त गुजरा होंठ पर तक,
खुला सा अंतःकरण था।
व्यक्त विश्वसनीय कथनों,
मित्र का होता वरण था।

मनुज, शीतल-सलिल-सरवर
दूर तक मिलते नहीं अब।
प्रेम-निष्ठा-महक वाले,
हिय-जलज खिलते नहीं अब।

कहाँ करुणा, कृष्ण-सी अब
मीत दुःख पर आज रोये।
अश्रु-जल-धारा बहाकर,
सुदामा-रज चरण धोये।

चाहते यदि चयन सच्चा,
त्रिगुण गहरी परख करना।
सदाचार, स्नेह, धीरज,
नद जिसे आता उतरना।

मित्रता में मुग्ध चेहरों,
से नहीं आकृष्ट होना।
संस्कार-विहीनता में,
रहेगा हर समय रोना।

९. कर्म-धर्म

चाहे-अनचाहे बसुधा पर,
हमको जब पड़ता है आना,
कैसे कहें जगत यह मिथ्या,
जब सत्-असत् यहीं सब जाना।

सर्व सृजेता का भूतल ये,
राग-विराग, यहीं सब होते।
स्वर्ग-नर्क भी यहीं कर्मगत,
सुख में हँसते दुःख में रोते।

प्राणोद्भव सर्वस्व चेतना,
धारित वैचारिकता कृति-क्रम।
क्रमशः विकसित यथा अग्रसित,
धर्म-बद्ध होता प्राणागम।

धर्म मूलतः त्रिपथ धारणा,
उपकारी, अपकारी, शोधन।
जिस रुख़ चेतन, प्रेरण, प्रणयन,
तन्मय अंतस आत्म-प्रबोधन।

कर्म, प्राण का धर्म वास्तविक,
विटप-मूल ज्यों जल अभिसिंचन।
होना हरित या कि मुरझाना,
भावाधरित कर्म प्रमाणन।

अभिप्रेरण है धर्म-धारणा,
हर जीवन सुख राह चलाता।
जीवन-मरण मध्य आच्छादित,
अविवेकी आयाम हटाता।

धर्म नहीं केवल देवाश्रय,
निस-वासर ही समय बिताना।
बिलख रहे मानव समाज की,
पीड़ा से बेसुध हो जाना।

जप-तप, पुण्यदान सीमा में,
बन्धक धर्म नहीं हो सकता।
जीवन संकट मुक्तिवान की,
वह पहचान नहीं खो सकता।

सेवा-धर्म स्वयं के द्वारा,
हुआ इन दिनों बहुत जरूरी।
नकद दान से कठिन हो गयी,
धर्म-दिशा-गति होना पूरी।

दान गृहीता दुरुपयोग धन,
मदिरा, द्यूत, दुर्व्यसन करता।
समझ न आता दाता क्यों फिर,
दानवीर बनने को मरता।

सीधा हो संवाद, साधना,
इष्टदेव या अखिलेश्वर से।
हुए बिना साक्षात् समर्पण,
माध्यम से कुछ कृपा न बरसे।

नहीं कर्म काण्डीय जटिलता,
भाव निष्ठ को आड़े आती।
कर्मठ आराधक तन्मयता,
मानवीय सद्-मार्ग दिखाती।

पंखहीन परवाज असम्भव,
बनें न बरबस गगन बिहारी।
इसी धरा का धर्म निभायें,
सेवित हो जीवन लाचारी।

आसमान का धर्म जहाँ के,
लोगों को क्या दे पायेगा
बिन वसुन्धरा धर्म निभाये,
न कुछ इन्द्र से ले पायेगा।

अपने शुभ के लिए हमें अब,
अपना धरती-धर्म निभाना।
पंचतत्व सेवन पूजनमय,
श्रम से हमको अन्न उगाना।

कर्म किसी पूजा से बढ़कर,
उचित चयन करने पर होते।
अनुचित के अनुगामी तो बस,
भाग्य कोसते रहते, रोते।

भजन, प्रार्थनारत ओठों से,
सेवक हाथ बड़े होते हैं।
विनय स्वार्थ-पारायण ज्यादा,
सेव्य-कर्म परहित होते हैं।

स्वर्गारोहण या कि मोक्ष की,
कहीं सरलतम युक्ति नहीं है।
परम सत्य यह कठिन भुक्ति बिन,
किसी तरह की मुक्ति नहीं है।

आत्म-दाह, आत्म-हत कृति, अघ,
प्राण सृजेता की निन्दा है
अनल, नीर में रिपुता गहरी,
पर उनमें जीवट जिन्दा है।

कठिनाई में रहें अविचलित,
निज जिजीविषा शक्ति दिखायें।
अमन-चैन में सब जी लेते,
बीच तनावों जी दिखलायें।

वृद्ध, विज्ञ, सम्मानित जन से,
हरदम नमन जुहार करें।
कभी नहीं भूलें छोटों को,
लघुता से भी प्यार करें।

कर्कश कोलाहल हरि मंदिर,
प्रांगण सहमे फिरे पुजारी।
जयकारे विनीत स्वर खोते,
डीजे इष्ट साध पर भारी।

जप, साधना विहीन देवघर,
धर्म-प्रदर्शन अनुक्रम सारे।
यांत्रिक कीर्तन, शोर-शराबा,
चकाचौंध विद्युत उजियारे।

इसी अवनि, आकाश बीच कुछ,
अनुचित परम्पराएँ चलतीं।
धर्म नाम से असहायों औ,
दीन-दुःखी कंधों पर पलती।

धर्माचरण राह भटका है,
संस्कृति आज हो गयी लूली।
माँ, बेटी, वनिता भारत की,
घर से द्वार निकलना भूली।

दुर्गा रूपी माँ महिला के,
चरणों सादर शीष झुकाते।
फिर भी उसी मातृ सत्ता को,
धमकाकर अनर्थ कर जाते।

भूनर, नभसुर विविध-लोकरत,
तिय-पिय-युग्म, जनक नरनारी।
दोयम दर्जे की तिय पीड़ा।
नहीं आज तक गयी बुहारी।

यद्यपि सतयुग, त्रेता द्वापर,
आदर्शों के काल रहे हैं।
तदपि अधिकतर नारी गरिमा,
के प्रतीक बेहाल रहे हैं।

जब कलयुग दुर्गुण नामित ही,
तो कैसे होगा परिवर्तन?
उसका ध्वंस आज आवश्यक,
काम न आयेगा संकीर्तन।

जिसने कर्म-धर्म अपनाया,
उसने जीवन भव्य बनाया।
अंधानुकरणीय गति जिसकी,
उसने हर-पल व्यर्थ गँवाया।

10. पुष्पीय चैतन्य

पुष्प हूँ मैं, डाल से मुझको न तोड़ो।
महक हूँ, सुन्दर न यों गर्दन मरोड़ो।
किसी ने अब तक न जाना दर्द मेरा,
यदि भले मानव, मुझे तुम मुक्त छोड़ो।

पुष्प का जीवन नहीं, तुमने जिया है।
प्राण में भी भेद मन माना किया है।
अगर होते पुष्प तुम, मैं मनुज होता,
कोसते किसने तुम्हें जीवन दिया है।

कौन कहता फूल को निर्जीव है वह?
समझ पाया वह, स्वयं जो है सचेतन।
जो न समझा उसे यदि मैं कहूँ प्रश्तर,
गलत क्या, वह प्राण भी क्या? है अचेतन।

जिसे दी मैंने महक, उसने दिया क्या
कारुणिक व्यवहार का जीवन जिया क्या
निठुरता का महासागर पी गये सब,
प्यार का प्रिय घूँट भी तुमने पिया क्या?

देवताओं से न चाही कभी दूरी।
मैं सशंकित पुष्प, मागूँ उम्र पूरी।
डाल से मुझको अलग करना न तब तक,
जी न लूँ मैं जिन्दगी जब तक जरूरी।

मुझे मंदिर-पुष्प-बगिया में उगाओ।
या कि देवों को बगीचों में बिठाओ।
मुश्क से भरता महकता रहे परिसर,
लाशवत् मुझको न मूरत पर चढ़ाओ।

डाल पर मैं मुस्कराऊँ सब महक लो।
तोड़ना ही मौत मेरी, ये न भूलो।
पीढ़ियाँ गुज़री तुम्हारी यों सताते,
आज तो संवेदनावश, हृदय छू लो।

तुम मुझे कमजोर याची भी न मानो।
वक्त है ये जिन्दगी को आज जानो।
क्रूरता परिणाम की दूँ क्या मिसालें,
चैन को तरसे सभी, मानो, न मानो।

रूप, खुशबू फूल की, यदि तुम्हें भाये।
तोड़ने की चाह भी किंचित न आये।
तो स्वयं हर महक से होगे विभूषित,
क्योंकि तुम मम वेदना को समझ पाये।

मैं नहीं कोई मनस्वी, ज्ञानदाता।
न कोई जीवन-विधा मुझको पढ़ाता।
कहा, भीतर से किसी ने, चुप न बैठो,
सुनेगा ही कभी तो रूठा विधाता।

बेबसी में दुर्दशा, अनुभव कराती।
सौम्यता ही सिरफिरों की मार खाती।
पर नहीं यह विश्व की शाश्वत कहानी,
आत्मबल की हीनता ही हार जाती।

हे पवन! तुम पुहुप की कुछ मदद कर दो।
मम सुगन्धों की लहर से विश्व भर दो।
मौज-मस्ती में मुझे कोई न तोड़े,
प्राण-रक्षक हो, सुमन को अभय वर दो।

11. युग बदल दो

दिव्य भारत के सपूतों, देश गौरव राह चल दो।
नेक कर्मों की अगर तुम, ठान लो तो युग बदल दो।

भरत-वंशी शृंखला के, नृप सभी आदर्श प्रिय थे।
कर्म-योगी, न्याय प्रियता, प्रेम साधक, करुण-हिय थे।
पशु, परिन्दों ने न खोयी, अभी वह पहचान अपनी।
किन्तु क्यों अब बदल दी है, आपने निज कर्म कथनी?
करो कुछ तो आत्म-मंथन, वन विवेकी प्रहर पल दो
नेक कर्मों की अगर तुम, ठान लो तो युग बदल दो।

उग्रता दुःसाहसिकता, शक्ति संचित फौज-फाँटा।
दुर्बलों के नित्य जीवन, मार्ग का बन रहा काँटा।
खूँ खराबी खेल भी खल, निडरता से खेल जाते।
भूल पश्चात्ताप तो क्या, शौर्य के उत्सव मनाते।
पीर का चेतन जगाओ, मानवी दायित्व बल दो।
नेक कर्मों की अगर तुम, ठान लो तो युग बदल दो।

मानवी-मानक-गुणों के, तुम्हीं हो आदर्श जग में।
है प्रवाहित रक्त पावन, श्रेष्ठता प्रत्येक रग में।
सभ्य संस्कृति, संस्कारों, मध्य आखिर तुम पले हो।
निठुरता की राह निंदित, आज फिर तुम क्यों चले हो?
दया निधि हो, दर्द इतना दीन को क्यों आज, कल दो?
नेक कर्मों की अगर तुम, ठान लो तो युग बदल दो।

पूर्वजों का पुण्य फल तुम, धर्म का विश्वास गहरा।
देश के सम्मान, संयम, ओज का शालीन चेहरा।
सदाचारी, स्वाभिमानी, पितृ की संतान हो तुम।
ऋषि दधीचि तपस्थली के, बज्र की पहचान हो तुम।
आततायी, ध्वंसकारी, दुष्ट-दल-बल को कुचल दो।
नेक कर्मों की अगर तुम, ठान लो तो युग बदल दो।

शील, संवेदन मनुज का, आज कैसे खो गया है?
कहो भारत-भूमि करुणा, धर्म को क्या हो गया है?
बौद्ध, जैन विचार सदियों, से जहाँ पर छा गये हैं,
किन्तु उनकी निज धरा पर, शरण कर्कश पा गये हैं,
प्रेम, करुणा के बिटप बन, देशजन को मधुर फल दो,
नेक कर्मों की अगर तुम, ठान लो तो युग बदल दो।

मित्रता, मृदु-मिलन-पुलकन, से शिखर कटुता ढहा दो।
विविध करतूतें ठगों की, सुधी सरिता से बहा दो।
प्रणय-लिपटे-हिय परस्पर, शक्ति वन दुःख सभी हरते।
शत्रुता, अलगाव दोनों, पक्ष दुःख अभिवृद्धि करते।
हो न अनबन तक किसी में, बुद्धि क्षमता भर दखल दो।
नेक कर्मों की अगर तुम, ठान लो तो युग बदल दो।

विखण्डन ने गुलामी दी, अब प्रगति अवसर न खोना।
परिस्थिति अनुसार बदलो, पुरातन प्रचलन न ढोना।
तज सभी बौद्धिक-गुलामी, उचित को सम्मान देना।
जहाँ से कुछ मिले अच्छा, उसे सादर सतत लेना।
मानवी-उत्थान-धर्मी, चरित को कुछ बल नवल दो।
नेक कर्मों की अगर तुम, ठान लो तो युग बदल दो।

समय, धन, सामर्थ्य का भी, सार्थक उपयोग करना।
देश, व्यक्ति, समाज-हित इन, अपव्ययों से सदा डरना।
श्रमार्जित निज धन भले ही, पशु, परिन्दों पर लुटाना।
कुपात्रों को दान देकर, दान प्रियता मत दिखाना।
चतुर व्यसनी ठग न पायें, किसी को कुछ दो, सँभल दो।
नेक कर्मों की अगर तुम, ठान लो तो युग बदल दो।

कमाये धन पर श्रमिक का, प्राथमिक अधिकार होता।
किसलिए वह निकम्मों में, व्यसन-पोषण हेतु खोता?
करो दस प्रतिशत अगर व्यय, तो सिसकियों पर लुटा दो,
या कि भूखे पेट को ही, तत्समय रोटी जुटा दो।
हो न मदिरा मत्त कोई, दानवी चारित्र दल दो।
नेक कर्मों की अगर तुम, ठान लो तो युग बदल दो।

देश का हर नागरिक अब, निज स्तर ऊँचा उठाये।
जाति, धर्म रुझान विषयक, हनक कुछ आड़े न आये।
भारतीय समाज पूरा, परस्पर अंतर मिटाये।
राष्ट्र-हित समरूपता की, असलियत दिल से दिखाये।
प्रेम की प्रतिबद्धता का, आज तो परिचय असल दो।
नेक कर्मों की अगर तुम, ठान लो तो युग बदल दो।

रहो देश समाज अभिमुख, धर्म खतरे का न शक हो।
ईश, धर्म सदैव अक्षय, नागरिक उत्कर्ष हक हो।
सर्व सामाजिक समुन्नति, धर्म खतरे का न शक हो।
ईश, धर्म सदैव अक्षय, नागरिक उत्कर्ष हक हो।
सर्व सामाजिक समुन्नति, धर्म का प्राकट्य जानो।
सचाई में स्वाद आना, कर्म का गुण-सूत्र मानो।
राष्ट्र-सम्प्रभु-धर्मिता के, प्रवाहों में मत खलल दो।
नेक कर्मों की अगर तुम, ठान लो तो युग बदल दो।

12. धरा-धर्म

ब्रह्म सत्य, मिथ्या जग कहकर,
जग माना निःसार,
किन्तु ब्रह्म तक किसी पहुँच का,
ये जग ही आधार।

कर्म भूमि है ये, इस पर ही,
सम्भव सारे लक्ष्य।
करके तो देखें कर्मठ जन,
पायें यहीं प्रत्यक्ष।

अगर रची दुनिया ईश्वर ने,
तो कुछ तो है अर्थ
इसको केवल मिथ्या कहना,
शायद बड़ा अनर्थ।

जिस जग में यह जन्म लिया है,
क्या न यहाँ कुछ फर्ज?
कौन चुकायेगा गुरु, पूर्वज,
मातु-पिता का कर्ज?

किसने देखा स्वर्ग, नर्क जो,
इस धरती से भिन्न?
सज्जन यहाँ सुखी रह सकते,
दुर्जन दुखिया खिन्न।

कल्पित स्वर्ग-लोक में रहता,
कोई देव न ईश
सर्व-लोक में घूम नियंत्रण
करता वह जगदीश।

यदि नर करे मनुजता विकसित
समझे कर्म महत्व।
घट जायेगा स्वर्गाकर्षण,
सार्थक मनुज कृतित्व।

अतः इसी जग को मानव तू,
अब कर ले अति भव्य।
किसी अदर्शित स्वर्ग-लोक को,
बना न निज गन्तव्य।

पावन सुरसरि नित्य नहाये,
मिले न कोई स्वर्ग।
श्रम-साधना फलित होती है,
हो कोई संवर्ग?

किसी स्वर्ग, मंदिर में बैठे,
ढूँढ़ेगा भगवान।
नर से नारायण व्यवहारी,
आयेगा व्यवधान।

इसका अर्थ नहीं ये तू अब,
मंदिर-मस्जिद छोड़।
बैठे-बैठे सब कुछ पाने,
की हठधर्मी छोड़।

मंदिर में सीखा जाता है,
प्रेम, नमन, सद्भाव।
कभी खुशामद का देवों पर,
पड़ता नहीं प्रभाव।

वहाँ न चलता वरदानों का,
विक्रय माटी मोल।
किन्तु कर्म-आदर्श-तुला पर,
होती समुचित तोल।

घृत, मेवा, साकिल, मख-आहुत,
आ सकते किस काम।
जब तक भूखे, रोगी, व्याकुल,
राहत रहित तमाम।

शुचि विचार सम्पन्न कर्म ही,
कहलाते हैं यज्ञ।
लोक-व्यथा उन्मूलन के हित,
मर मिटते मर्मज्ञ।

येरूशलम, अयोध्या, मक्का,
बोध गया गिरनार।
लरकाना साहिब में भी तो,
नर का हुआ निखार।

अगर छोड़ देगा मानव तू,
सद्-विचार, ईमान।
तो न सुपथ भटकन के बदले,
देंगे कुछ भगवान।

इसी जगत में जो भी सज्जन,
करते अच्छे काम।
गौरवमय इतिहास हमेशा,
बनता उनका नाम।

कोई भी जो कुछ पाता है,
करके स्वयं प्रयत्न।
तुलना में फीके रहते हैं,
उपहारों के रत्न।

निजी श्रम रहित धनोपार्जन,
की होती है लूट।
ज्यों मिट्टी के कच्चे घट भी,
जल्दी जाते फूट।

बैठे-बैठे कहाँ बड़प्पन?
दम्भ बावरे छोड़।
कर्म-हीन कौड़ी से भी घट,
कर्मठ कई करोड़।

इसी धरा पर जब तक जीना,
तो कर कुछ शुभ कर्म।
कभी निठल्ले सुखी न होते,
कर्म धरा का धर्म।

13. भटकता विकास

हृदयहीन, ज्यों मशीन,
बढ़ना व्यवहार का।
बनक ठनक आकर्षक,
नर प्रदर्श प्यार का।

दूध, दही, दलहनी,
दुकानें सुनसान हैं।
अपढ़, पढ़े सभी मांस,
मय पर कुर्बान हैं।

धर्म-कर्म, भजन-भाव,
नशा मध्य दीखता।
तथा बाल, नव-समाज,
नशा व्यसन सीखता।

फरेबी, कुचाली के,
बीच खूब पट रही।
सज्जन की साख हर,
विभाग वार घट रही।

अजब-गजब, जबर जोर,
का विकास हो रहा।
सत्य-निष्ठ, कार्य-कुशल,
किस्मत पर रो रहा।

जबरसिंह, जुझारसिंह,
करोड़ों कमा रहे।
नामवर ईमानदार,
पूँजी गवाँ रहे।

शीलचन्द राशन,
कन्ट्रोल का न पा रहे।
ऊधमसिंह बिन परमिट,
मनमाना ला रहे।

बाबू औ' साहब की,
साहबी अपार है।
चूँ-चपाट, रुदन बन्द,
उत्कोची मार है।

धूमिल कर्त्तव्य जिन्हें,
रौशन अधिकार है।
होंगे अभिशप्त कभी,
सिसकियों प्रहार है।

नेताओं के हित ही,
जन-हित अभियान है।
राष्ट्रवाद बहाने हत,
प्रजातन्त्र प्राण है।

युवा रोजगार बात,
बरसों से टल रही।
कौन से विकास की,
बुलेट ट्रेन चल रही?

लाख झूठ वादों से,
सत्ता वे पा रहे।
निभाने को नेतागण,
ठेंगा दिखा रहे।

दहशत, संघर्ष बीच,
अटका उल्लास है।
सामाजिक समता बिना,
भटका विकास है।

रीति, नीति, लहजा,
निज-दल विशेष थोपना।
देश की विकास पौध,
पत्थर पर रोपना।

छाती छप्पन इंची,
छक्के छुड़वा रही।
रौबदार मूँछ दलित,
जन की मुड़वा रही।

राष्ट्र-संत-हंता जब,
देश-भक्त आज है।
बोलो नेता जी,
क्या यही राम-राज्य है?

दम-खम यदि होती,
तो दुश्मन को मारते।
कायर पर यों न कोई,
शेखी बघारते।

14. नारी की ललकार

हो सावधान! घटिया चरित्र, यदि लोलुप, बलात्कारी है
तू छोड़ सभी दुष्कृत्य अरे, क्यों ये दरिंदगी प्यारी है?

तू भूल बद-चलन का अतीत यदि सठ लम्पट व्यभिचारी है
अब नया जमाना नारी का, बिगड़ों पर पड़ना भारी है।

बनना होगा अब तुझे सभ्य, वहशी, जुल्मी, पाखण्डी है
आगे आ, देख खोल आखें, नारी सबला रण-चण्डी है।

मैं महाकाल की बेटी हूँ, माँ मेरी दुर्गा काली है
हूँ सत्यवान प्रियतमा देख, यम से भी भिड़ने वाली है।

द्वापर द्रौपदी लाज-लिपटी, नटखट नटवर की साड़ी हूँ
दामिनी सतायी बहना अब रोबोटिक युगी खिलाड़ी हूँ।

नारी-सरि जब उफान पर हो, अवरोध बाँध फट जाते हैं
तिनकों-सी चट्टानें बहतीं, दुर्गम पर्वत कट जाते हैं।

भँवरों में अभिमानी टीले, फँस चूर-चूर हो जाते हैं।
पथ-रोधक अड़ियल क्रूर विटप, जड़ सहित कुलाँचें खाते हैं।

जागो माता, पुत्री, बहनों, अब अश्रु नहीं बहने दूँगी
सीता, शकुन्तला, सूर्पनखों, सी पीर नहीं सहने दूँगी।

दुर्भाग्य मान बस रोने से, अब काम नहीं चलने वाला
अहिवात बचाने आग न हो, तो कचरा कब जलने वाला।

तू लजवन्ती संकुचन छोड़, साहस का शस्त्र सँभाले चल।
लम्पट का लाल लहू पी जा, जब मरना ही है अब या कल।

15. देश भक्त कौन

तुम्हें हुआ क्या, जो हर दिन, कुछ क्रान्ति चाहिए?
अब हम हैं आजाद, न इसमें भ्रान्ति चाहिए।

देशभक्त कहकर नाथू को शर्म न आती।
साध्वी हो तुम, बोगस प्रवचन, मत सुनाइए।

क्या होती है, देशभक्ति ये तुम क्या जानो।
बहकाने में सम्प्रदायियों के न आइए।

लोग तुम्हें साध्वी कहते हैं, ये मत भूलो।
ठाकुर मैं प्रज्ञा की भी, गुरुता दिखाइए।

कथन ''देशद्रोही थे गाँधी'' बचकाना है।
साध्वी की महती गरिमा तो, मत गिराइए।

आज देश में प्रजातंत्र, सरि-धार वह रही।
इसके पावन-जल में, थोड़ा-सा नहाइए।

अधिनायकवादी मानस-मल, धुल जायेगा
हृदयासन पर करुण-भाव, थोड़ा बिठाइए।

बलिदानी अपमान और, अब सहन न होगा।
हत्यारों को और न, दुःसाहस दिलाइए।

बहुत बह चुकीं, रक्तिम नदियाँ इस भारत में।
रार नहीं अब संत देश में, शान्ति चाहिए।

16. बुरा न मानो

बदलो आदतें बुरी जो, हे मानव राजकुमार।
तुम अच्छे काम करो कुछ, हित में मानव-परिवार।।

तुम मैं विधि और विधाता, तुम ही होते अवतार।
चुनते तुम ही जन-प्रतिनिधि, तुमसे बनती सरकार।।

तुम ही शिक्षक पटवारी, डॉक्टर हो थानेदार।
तहसीलदार भी तुम हो, हैं पदनुकूल अधिकार।।

निबटें आसान मुकदमें, फरियादी करें गुहार।
दफ्तर में बैठो साहब, कर दो निर्णय इस बार।।

ग्रामीण तरक्की का भी, है तुम पर ही भरभार।
निबटा लो दबी फाइलें, घर पर पढ़ना अख़वार।।

हर बाबू आगे देखा, लम्बित प्रकरण अम्बार।
कम समय न कारण बिलकुल, पर लटकाते हर बार।।

सरपंच, सचिव, अभियन्ता, गुणवत्ता के अनुसार।
अच्छी सड़कें डलवा दो, पहुँचे मंत्री की कार।।

अधिकारी नेताओं से, ये जन-गण करे पुकार।
लालच में अटक न जायें, दफ्तर के कारोबार।।

सोचो, फरियादी आता, गाँव से नदी कर पार।
रुकने को ठौर न रोटी, फिर कल छुट्टी रविवार।।

कैसा महसूस करोगे, थोड़ा-सा करो विचार।
शायद तुम कर ही लोगे, ज्यादती स्वयं स्वीकार।।

नियमों की बात करो तो, मिलती बुलंद फटकार।
प्रति-उत्तर बन जाता है, झट अनादरण आचार।।

खा रहा कौन निर्धन की खुशहाली का संसार
बध कर्तव्यों का होता, हावी होता अधिकार।।

अपहरण करें लक्ष्मी का, भ्रष्टाचारी मक्कार।
दुखती ही नब्ज दुखाना, क्रूरों का प्रिय व्यवहार।।

शुभ- कर्म किये थे उस भव, मिल गया मनुज अधिभार।
खाते गर्दभ बन डण्डे, ढोते पीठ पर भार।।

अटकों से अर्थ ऐंठने, करता जो भी लाचार।
बाबू न पचा पाता है, होता अतिशय अतिसार।।

17. भारतीय आजादी मूल्य

पूजता रहा आराध्य मान, तू वर्ण विभाजन दृढताई।
फलतः इकजुट विदेशियों से, तूने ही बड़ी मात खायी।

स्वामित्व गया, लज्जित होने, मिल गयी गुलामी दुखदायी।
व्यक्तित्व स्वाभिमानी थे कुछ, जिनकी जिजीविषा रँग लायी।

कुछ क्रान्तिवीर भारतवासी, हत पराधीन रह जी न सके।
अपमानों, अत्याचारों का अनवरत हलाहल पी न सके।

उतरे स्वतंत्रता समरांगण, दे गये अहिंसक आजादी।
बिन योगदान, सत्ता लोलुप, अब खुद को कहते फौलादी।

गाँधी, सुभाष, इंदिरा, चन्द्र, से बलिदानों पर, वे झूमे।
सुखदेव, राजगरु, भगतसिंह से फाँसी फन्द नहीं चूमे।

बापू ने पैदल चल-चलकर, आजादी अलख जगायी थी।
अगणित, योद्धा, आहुतियों पर मँहगी आजादी पायी थी।

चल दिये हमें आजादी दे, अब लौट न उनको घर आना।
जयकारों क्षद्म ऑसुओं से निज नकली शोक न जतलाना।

वीरों की आत्म-शान्ति खातिर, आसान नहीं अवसर पाना।
तुम जीते जी बस एक बार प्रतिमा पर सुमन चढ़ा आना।

जो लड़ जाते सधर्मियों से, स्वदेश खातिर होते शहीद।
कहलाते सच्चे भारतीय अशफाकुल्ला, अब्दुल हमीद।

हे सत्ता, तेरे अन्ध-भक्त, अब क्यों गाँधी को कोस रहे?
धिक्कार नफासत बनावटी-दुःख के दो आँसू भी न बहे।

मर चुकी आत्मा हो जिनकी, बेहूदेपन से कब डरते।
बापू से सन्त मरण पहले हत्यारा क्रूर क्षमा करते।

अंतिम क्षण का हे राम राज, जिसने भी नहीं समझ पाया।
हो सकते नहीं साधु, साध्वी-प्रियमाण हृदय ढोते काया।

उठती हो हूक हृदय में यदि, तो उनके वंशज घर जाना।
भूल से देशद्रोही कह भी थोड़ा-सा भी तो पछताना।

यों नेता कभी न बन सकते, होता भी कोई नहीं अमर।
यदि चाहे कुछ इनमें होना सीमा सैनिक, गाँधी-सा मर।

जातीय-मलाल, व्यर्थ अनुचित, मानव में अगड़ा-पिछड़ा क्या
मैं भारतीय, तू भारतीय, वे भारतीय, फिर झगड़ा क्या?

पूजता पुरातन देव रहा, पढ़ डाले, शक्ति-सूत्र सारे।
जूझना पड़ा था अपने घर अफसोस कि हम फिर भी हारे।

अम्बर, भू-देव बहुत पूजे, अब देश-देव पूजे जाना।
भारत नव-पीढ़ी पूजन में, उन अमर शहीदों को लाना।

केवल दुर्लभ-सी ताकत पर, निर्भर, निष्क्रिय मत हो जाना।
जिसने कर्तव्य दिया सबको मुश्किल कुछ नहीं, लक्ष्य पाना।

ईसाई बाइबल, मुस्लिम को, होता अजीज जितना कुरान।
हिन्दू गीता, सिख गुरू-ग्रन्थ है भारतीय को संविधान।

इसलिए आज सब भारतीय, आओ, मिल यह शुभ-काम करें।
आपस में बढ़ता वैमनस्य हृदयों में ही निष्काम करें।

18. कुछ कर दिखाइए

हे मुल्क के मुकद्दर, अब तो हँसाइए।
रोको ये मँहगाई, रिश्वत रुकाइए।

अतीत की कमियों के न कथन सुनाइए।
इन जटिल जीवनों की, हिम्मत सराहिए।

बेचारे तंगहाल, और न रुलाइए।
कहते थे कालाधन, वापिस लायेंगे।

उससे हर खाते में लाखों आयेंगे।
निर्भय जन-जीवन की मुहिम चलायेंगे।

दो करोड़ युवाजन भी, रोजी पायेंगे।
क्या हुआ सबका आज? कुछ तो बताइए।

कुछ सफलताओं पर न खुशियाँ मनाइए।
ऐसे कुछ समाधान आम-जन हित नहीं

पहले उन्हें परिवार परवरिश चाहिए।
बेरोजगार हैं ये लाखों युवा आज,

हताशों के दैन्य पर कुछ तरस खाइए।
उनका पहला हक तुम, रोटी दिलाइऐ।

जहाँ आज बैठे हो, घर नहीं आपका।
जो है मुफीद तुमको, उस पर न जाइए।

न ही खास गन्ध-पुष्प, पौधा उगाइए।
विविध रंग फूलों से, बगिया खिलाइए।

चवालीस दिनी कृषक, हड़ताल रुकाइए।
प्रजातंत्र की गरिमा ऊँची उठाइए।

विपत्तियाँ विदा कर अच्छे दिन लाइए।
बोलने से बेहतर कुछ कर दिखाइए।

19. अँधेरों का अंधेर

अँधेरों के देव, समता, प्रेम, करुणा-सत्य का आलोक, धूमिल कर चले हैं।
अखिल जग को याद उनकी असित फितरत उजाला-सा कुछ दिखा, बनते भले हैं।

पूर्णिमा पर अमावस्या, हुई हावी, पक्ष दोनों ही अँधेरे, हो चले हैं।
तेज-घाती-आचरण से, गगन के भी चाँद-तारे, धुँधलके में खो चले हैं।

निशा का मन्तव्य, फैलाना अँधेरा, किन्तु दिन को, उजालों से क्या गिला है?
लग रहा आदित्य भी, निष्ठा बदल अब, अँधेरों के शाह से ही, जा मिला है।

धूप ने भी क्षुब्ध होकर, स्वयं अपने लोक-हित के किरण-पंखे, कतर डाले।
पिछलगों को बुरा भी कुछ, नहीं दिखता, अस्मिता कर दी, अँधेरों के हवाले।

अँधेरे कुनबा बढ़ाने की जुगत में, किसी के भी पास जाकर, सूँघते हैं।
पा घरू मतभेद-बू वे, तूल देते, फिर न अपना बनाने में, ऊँघते हैं।

समय अच्छा इन दिनों, चमगादड़ों का, अँधेरे बाहुल्य से वे, जुड़ रही हैं।
लटकना पड़ता न उल्टा उजालों में, रात-दिन धुप अँधेरों में, उड़ रही हैं।

लोग, रावण मारने आतुर खड़े हैं, पर, राम बनने की जरूरत है किसे।
उजालों के नाम, पूजित हैं अँधेरे, अँधेरों का अंधेर कहते हैं इसे।

20. अच्छे-दिन

देश के नेता कहते हैं, अच्छे दिन आ रहे हैं।
किन्तु आखिर किसके? क्या बस उन लुटेरों के!

जिन्होंने देश को खूब लूटा और विदेश खिसके?
अच्छे दिन, कोई झरबेरी नहीं, झट हिलायी, समेटकर डलिया भर ली।

संचित खजाने ज्यों भी नहीं, दो रुपये किलो गेहूँ दे भलाई कर ली।
भूखों के लिए अच्छे दिन, शिशुओं को सुलाती किसी माँ की थपकी नहीं।

जो उनको थोड़ा चुप तो कर सकती है, पर आती दूध बिन झपकी नहीं।
ख़याली सपने कभी, अच्छे दिन नहीं होते, भूख रोटी से मिटती है।

जबकि पेट की किस्मत सिर्फ आश्वासनों के, भाषणों से पिटती है।
अरी! सच्ची सर्व-हितकारी कसक, तू स्वजन शैली का कुछ रवैया बदल।

अच्छे दिन क्या, यह देश, स्वर्ग भी बन सकता है, यदि हो कुछ निरपेक्ष पहल।

21. नीचे की आवाज

ऊपर वाले, नीचे की आवाज,
सुनते हुए भी नहीं सुना करते।

कुछ बोलने और सुनने के लिए-
निज स्वार्थ-साधक तंत्र चुना करते।

आरत-ध्वनि, कान भरती, जेब नहीं,
उन्हें शोरगुल, प्रदूषण होता है।

चेहरा बोले, और आँखें सुनें
सकुचने वाला, अवसर खोता है।

ऊपर वाले, जिनको है अधिकार,
काश वे सचमुच ही बहरे होते।

तो नियोक्ताओं द्वारा कभी भी
पद-चयन में, ठीक न ठहरे होते।

शासकीय विकास-आवंटन कभी,
विभागीय जन ही निगल जाते हैं।

हो जाती हैं शिकायतें, बे-असर
भ्रष्टों पर अफसर पिघल जाते हैं।

बेशक यहाँ मौकापरस्ती खेल,
खुले में खूब खेला जा रहा है।

व्यवस्था ईमान धू-धू जल रही
फरेबी रौब झेला जा रहा है।

भ्रष्टता की भूख पावक की तरह,
बहुत बेझिझक होती जा रही है।

धरा की आवाज सुनता कौन है
भ्रष्ट-धन-ध्वज, गगन फहरा रही है।

22. नारी की व्यथा

हे सखी! पतिदेव हैं वे, क्या करूँ मैं?
जिंदगी के शेष दिन, कैसे भरूँ मैं?

हूँ त्रिया, उनकी प्रिया, रिश्ता सुखद है।

पिया रहते पिये हरदम, गालियाँ दें।
पिटें बच्चे, पड़ोसी सब तालियाँ दें।

बोलती मैं कुछ व्यथा ही, मार खाती।
बिलखते ही भूख से, बच्चे सुलाती।

देह लथपथ, नालियों के पंक साजन।
भिनभिनाती मक्खियाँ मुख, मलिन कृशतन।

जुआ, सट्टा, जाम, खोटे काम बदतर।
बन रही मेहमान, कंगाली इसी घर।

हृदयहीन पिया, निपट खाली जेब है।
इस अभागिन के, यही तो पतिदेव हैं।

व्यंग्य औ' उपहास में, जीना कठिन है।
हो गया सपना, खुशी का एक दिन है।

कौन संस्कृति और मर्यादा बनाता?
रखे नर को मुक्त, नारी को सताता।

अभी कर डालूँ बगावत, चाहता मन।
पर पिता होंगे दुःखी, बस एक उलझन।

अतः विधि सम्मत विधाता नियम कर दो।
प्रजापति हो, पुत्रियों को पात्र वर दो।

23. परिवारवाद की राजनीति

क्यों कहें कि राजनीति में, परिवारवाद दोष है।
उन्हें कौन रोक सकता, जिनका जनाधार ठोस है।

अरे! आप में क्षमता है यदि, स्वयं आगे आइए।
पूरे परिवार को ही, लोकप्रिय नेता बनाइए।

अब राजतंत्र नहीं कि, पारिवारिक तिलक होता है।
लोकतंत्र है, जनता को, चुनने का हक होता है।

परिवार मैं श्रृंखलाबद्ध नेतृत्व, बड़ी बात है।
महज ईर्ष्या का विषय नहीं, ईश्वर की सौगात है।

अतः राजनैतिक प्रदूषण, अब और न फैलाइए।
लोकतंत्र है, लोकप्रिय नेता ही, चुनकर लाइए।

महक और मुस्कराहट, कुछ पुष्पों से पाइए।
कभी गैरो की खुशियों में भी हँसकर दिखाइए।

24. कैसा दलित!

एक पिता की सब सन्तानें, जिसने जन्म लिया वह मरता।
कोई खास बता अपने को, ढोंग बडप्पन का क्यों करता?

किस घर में जन्मेगा मरकर, कब कोई पुराण कहता है
पुनर्जन्म में धर्म, जातिगत, परिवर्तन होता रहता है।

वंचित थे शाला मंदिर से, कुछ जन कभी सधर्मी रहते।
अवलम्बित जब सभी परस्पर, फिर क्यों उन्हें दलित यों कहते?

वंचित रहकर दलित हो गये, कैसे ये प्रभु-वंशज बेटे?
जिनका दान-दक्षिणा पावन, ये कैसे अछूत या हेटे?

क्या मतलब वसुधा-कुटुम्ब का, जब हम ऊँच-नीच में जीते।
वही समझ सकते हैं पीड़ा, जो अपमान गरल नित पीते।

सम्भव कदाचार कुछ उनका, तथाकथित ऊँचों को खलता।
तो फिर समाधान समता का, क्यों न ज्ञान से कभी निकलता?

मुनियों, संतो ने मंत्रों से, सब पर ही उपकार किये हैं।
पर उच्चों ने उन अनुगामी, जन पर कुटिल प्रहार किये हैं।

सदा बड़ों ने धर्म-धरा पर, अपना कुनबा खूब बढ़ाया।
किन्तु उन्होंने स्वधर्मियों को, उल्टे नफरत भेंट चढ़ाया।

तथाकथित पतितों के श्रम से, सब मानव समाज पलता है।
क्या उनको पवित्र करने में- कोई मंत्र नहीं चलता है?

मनु-सतरूपा के वंशज ये, अन्य धर्म-पथ पर चल जाते
तो ये बड़े कहाने वाले मनमाना कोहराम मचाते।

मतलब साफ, करेंगे शोषण, जीने और न मरने देंगे।
कितना ही पावन जीवन हो पूजा-पाठ न करने देंगे।

बदला समय, आप हम बदलें, जाति-भेद, की जिद भी छोड़ें।
टूट गये हम बहुत आज तक और न इस भारत को तोड़ें।

25. दलित वेदना

वक्त के मारे हुए थे, हिकारत के दिन गुजारे।
अब हमारी तरक्की के दिनों में कैसी गिला है?

फख्र होना चाहिए इस पर, सभी को आज यारो।
जो हमें हमदर्द भी, अम्बेडकर जैसा मिला है।

रखा हमको दूर पशुवत, अछूता विद्यालयों से।
भाग्य-रेखा मान हमने, हीनता-दुर्दिन गुजारे।

जब मिला मौका, पढ़े कुछ असलीयत तब समझ पाये।
भाग्य तो ऐसा न था, पर, भाग्य भाई थे हमारे।

सनातन से एक थे, हैं आज, आगे भी रहेंगे।
जरूरत है एक हों हम, प्यार का इजहार करते।

विषमता, अपमानकारी, मानवों में भेद सूचक
वर्ण-क्रम के निरे नकली, टोटकों से नहीं डरते।

प्यार की मनुहार में तुम, आदतन दुत्कार भी दो।
तो किसी बदसलूकी से, हम नहीं मर जायेंगे।

यों तुम्हारे हर कदम से, चाल बनती है हमारी।
एक मानव मूल के हित और ताकत पायेंगे।

क्षुद्रता वाले मिथक का, तोड़कर भ्रम-जल सारा।
दलित शोषित, पतित वाली, डिग्रियाँ सब फाड़ देंगे।

पूज्य मण्डेला व गाँधी, कसम है अम्बेडकर की।
विश्व-मानव एकता के, आज झण्डे गाड़ देंगे।

शिकायत शिकवा न कोई, न सच की अभिव्यक्ति का डर।
मर्म-आहत हो तभी तो, टीस अंतस की उभरती।

हृदय-हीन कहाँ समझते, पीर क्या होती परायी।
पत्थरों से आँसुओं की आस भी वह कहाँ करती।

26. दरकता भाईचारा

अहम का उत्पात उर में, आदमी में यों जगा है।
प्यार करना चाहिए था, नफरतें करने लगा है।

परस्पर सौहार्द भी अब, बहुत दुर्लभ हो गया है।
न जाने क्यों आदमी में, भाईचारा खो गया है।

नीचता के कृत्य बिन भी, नीच कुछ को कहा जाता।
क्यों न उनकी प्रगति को उन, उच्च द्वारा सहा जाता?

उच्चता के प्रपंचों ने, भारतीयों को ठगा है।
हीन में आक्रोश तो है किन्तु जोखिम से डगा है।

सोच, धीरज धृष्टता के बीच घटिया बन रही है।
ओढ़ने बरबस बड़प्पन जंग जैसी ठन रही है।

धर्म क्या वे जातियाँ क्या?
जो खुदी उकसा रहे हैं। स्वयं के वर्चस्ववाली,
कलह ध्वज फहरा रहे हैं।

निरस होता जा रहा है, था कभी जो खास नाता।
यहाँ तक कि भाइयों से भाई कहना न सुहाता।

पथिक को भी भाई कह लें प्यार ही आखिर जगेगा।
नहीं कोई भाई इससे, बटाने हिस्सा लगेगा।

ज्ञान, आयु, वरीयता ही, बड़प्पन प्रतिमान थे तब,
अपेक्षा करती दबंगी, जातिगत सम्मान की अब।

विगत वर्षों, बुजुर्गों से, नमस्कार जुहार करते।
कथित छोटी जाति होकर, वे हृदय से प्यार करते।

आज पीड़ा, पर्व में यदि परस्पर घर गये होते।
तो नहीं इन दूरियों के दर्द कुछ ने सहे होते।

प्रकृति ने घट-बढ़ दिया कब किसी को जल, वायु, पावक?
आदमी क्यों आदमी पर, है विषमता का प्रभावक?

एकता समता बिना ये, क्यों प्रगति-युग आ रहा है?
घृणा भारत विखण्डन, पाथेय बनता जा रहा है।

दलित, पीडित हीनता की, कसक इक लम्बी कड़ी है।
उसे करना है तिरोहित, जो चुनौती बन खड़ी है।

दलित, पिछडे अल्पसंख्यक, ज्यादती ही सह रहे हैं।
बात भी अधिकार की वे, सही अपनी कह रहे हैं।

यदि बड़प्पन बदगुमानी सतत दुर्व्यवहार करती।
तो दुखित-जन-शक्ति भी कब, घुड़कियों से आज डरती।

और कोई नहीं अपने, ही हिकारत कर रहे हैं।
अतः अपने ही विधर्मों, में पलायन कर रहे हैं।

राष्ट्र-हित, निज शक्ति- संचय, समझ किसकी खो रही है।
बुद्धि क्यों जनतंत्र के, विपरीत बन्धक हो रही है।

राजनेता, राष्ट्र चिंतक, समय रहते जाग जायें।
कोई चिंगारी न भभके, बुद्धि- कौशल से बुझायें।

27. तपन

आदमी की जिंदगी में, ग्रीष्म दुपहर-सी तपन है, शाम होना चाहिए।
जो जलाते हैं अमन को, उजागर उन सिरफिरों के, नाम होना चाहिए।

वरदहस्ती भी बडी हो, न्याय में निष्पक्षता के, काम होना चाहिए।
क्यों शहर आजाद केवल, गुलामी से मुक्त पहिले, ग्राम होना चाहिए।

व्यर्थ कोरा जनहितैषी, हृदय में भी करुण धन के, दाम होनी चाहिए।
हाथ दायें ने दिया दुःख, तो गले मैं प्यार का कर, वाम होना चाहिए।

बनाने बलवान भारत, जातियों में एकता के, काम होना चाहिए।
कलहकारी, खुराफाती, लहू की प्रतियोगिता का, थाम होनी चाहिए।

धर्मवादी ठिठुरनों से, मुक्त करने, सत्य रूपी घाम होनी चाहिए।
नमाजें, जप-तप भले कम, कर्म में अल्लाह एवं, राम होनी चाहिए।

सामना अन्याय से हो, फैसले के लिए दिल में, श्याम होना चाहिए।
हे विधाता! सुख-दुःखों का, द्विविध जीवन, एक विधि में, आम होना चाहिए।

28. हाँफता आदमी

लिये हुए समस्याओं का बोझ,
एक दिन नहीं अपितु रोज-रोज,
आम-आदमी,
अलस्सुबह जागता है,
काम पर भागता है।
भूख-प्यास भूल जाता है,
लम्बा रास्ता नापते हुए,
रात को ही घर आता है।
गुमसुम, उदास बीवी बच्चों के,
चेहरों को देख।
वह पूछता है, क्या हुआ?
वह कहती, तुम्हारी बददुआ।
आज ''हम दो हमारे दो'' है।
राजू राशन की कतार में,
नलिनी नल के इंतजार में।
उधर नम्बर न आ पाया,
इधर बिजली गुल हो गयी।
मैं आटा लेने बाजार गयी तो,
हो गयी बाजारू हड़ताल।
हम सीमित परिवारी भी क्यों भूखे?
कौन करता कारण पड़ताल?
तुम माँगते अपनी मजदूरी,
सेठ कहता, बैंक लिंक फेल।
फिर कैसे, किसके लिए लाये,
ये बुलेट ट्रेन वाला खेल?
वह बोला, अरी भागवान!
आम आदमी ही, रोजी की ऊहापोह में,
सदा भागता रहा है।

बड़ा देशभक्त है, सत्ता की गतिविधियों पर,
वही झाँकता रहा है।
उसे देश प्रिय है, ऐश प्रिय नहीं,
वह नेताओं की मंशा भाँपता रहा है।
गाँव की झोपड़ी और स्मार्ट सिटी का,
अन्तर नापता रहा है।
ये आम आदमी सेवा में,
हनुमान-सा हाँफता रहा है,
सुविधाओं के नाम पर,
संतोष फाँकता रहा है।
खुद के लिये तो सुस्ता लेता,
पर परहित में हाँफता रहा है।
धीरज की गहराई मापता रहा है।

29.क्रिकेट की दीवानगी

एक स्टेडियम पर बच्चों का,
जब क्रिकेट मैच चल रहा था।
तब राजू को नब्बे रन पर,
शतक का सपना पल रहा था।

अचानक वहाँ उसका भाई
प्रमीत पहुँचकर यों बोला,
भैया! माँ की तबीयत अब कुछ
ज्यादा ही बिगड़ रही है।

तुम्हें बहुत याद कर रही है।
शायद तुम से कुछ कहना था।
वह बोला, तू चल, आता हूँ,
पुनः डॉक्टर को लाता हूँ।

सोच में डूब गया, क्या करूँ?
छियानबे हो गये, बस चार
उधर माताजी भी मझधार।

वह क्रीज पर कुछ थमते हुए
उसी स्कोर पर बोल्ड हो गया।
घर पहुचने से पहिले कहीं
मातृ का साया भी खो गया।

शेष रह गये अनुज के बोल
''माँ को शायद, कुछ कहना था।''
और इस अभागे को केवल,
आज अनसुना ही रहना था।

30. कर्म की महत्ता

हे मानव! यदि तू चाहे तो, दुनिया को खुशहाल बना दे।
किसी लोक में अगर स्वर्ग है, तो वह तू धरती पर ला दे।

श्रम, साहस, शस्त्रों से सज ले।
कर्म मर्म सामर्थ्य समझ ले।
मन का अश्व अगर पथ मचले,
दृढ़ निश्चयी लगाम लगा दे।
हे मानव! यदि तू चाहे तो दुनिया को खुशहाल बना दे।
किसी लोक में अगर स्वर्ग है, तो वह तू धरती पर ला दे।

कथ्य, कृत्य, एकत्व सघन हो।
श्रेय- प्रेय में उचित चयन हो।
लक्ष्य, साध्य, साधन पावन हो,
मलिन मान्यताएँ ठुकरा दे।
हे मानव यदि तू चाहे तो, दुनिया को खुशहाल बना दे।
किसी लोक में अगर स्वर्ग है, तो वह तू धरती पर ला दे।

यथा कर्म फल तथा नियम है।
स्वेच्छाचारी को सब भ्रम है।
निष्क्रियता दुःख, जीवन-तम है।
कर्मवीर! भटकाव मिटा दे।
हे मानव यदि तू चाहे तो, दुनिया को खुशहाल बना दे।
किसी लोक में अगर स्वर्ग है, तो वह तू धरती पर ला दे।

देव अनुग्रह अवलम्बन तज।
कर्मशीलता, कर्म-देव भज।
लगा भाल श्रमदेवी पद-रज,
स्वर्गिक जग निर्माण करा दे।
हे मानव! यदि तू चाहे तो, दुनिया को खुशहाल बना दे।
किसी लोक में अगर स्वर्ग है, तो वह तू धरती पर ला दे।

भाग्य-वाद की सोच बदलकर,
कर्मनिष्ठता अनुचर बनकर।
निज क्षमता अभिवृद्धि पहल कर,
एक नया संसार बसा दे।
हे मानव यदि तू चाहे तो, दुनिया को खुशहाल बना दे।
किसी लोक में अगर स्वर्ग है, तो वह तू धरती पर ला दे।

कर ले सत्कृति हेतु समर्पण।
रहे न क्रूर कृत्य आकर्षण।
पीड़ा दे औरों का भी वृण,
संवेदना बलय फैला दे।
हे मानव यदि तू चाहे तो, दुनिया को खुशहाल बना दे।
किसी लोक में अगर स्वर्ग है, तो वह तू धरती पर ला दे।

हर सुकर्म तेरा सुखनन्दन।
दैन्य, कलुष, दारिद्रय निकन्दन।
पुरुषार्थी माथे का चन्दन।
जन मानस विश्वास जगा दे।
हे मानव यदि तू चाहे तो, दुनिया को खुशहाल बना दे।
किसी लोक में अगर स्वर्ग है, तो वह तू धरती पर ला दे।

कर्म प्राणियों का स्वभाव है।
परख उचित-अनुचित अभाव है।
अनिर्णीत गति-क्रम तनाव है।
त्वरित निर्णयी बुद्धि बना दे।
हे मानव यदि तू चाहे तो, दुनिया को खुशहाल बना दे।
किसी लोक में अगर स्वर्ग है, तो वह तू धरती पर ला दे।

यदि धन, यश, आदर तलाश है
अमृत की भी अगर प्यास है।
नेक कर्म तब हर मिठास है।
यह मिठास एहसास करा दे
हे मानव यदि तू चाहे तो, दुनिय को खुशहाल बना दे।
किसी लोक में अगर स्वर्ग है, तो वह तू धरती पर ला दे।

31. यदि पुलिस न रक्षक होती

यदि पुलिस न रक्षक होती।

नर उजड्डु, बेतुके काज, उच्छृंखल होता समाज।
आराजकता इठलाती, अनुशासन प्रियता रोती।

यदि पुलिस न रक्षक होती।

दिन-काटू दुष्ट निकम्मे, करते गन्दी अठखेली।
सीधे-साधे सज्जन की उतारते कुर्ता-धोती।

यदि पुलिस न रक्षक होती।

सज्जन, भयभीत जनों की, छवि धूमिल, चोटिल होती।
दुष्कृति, लांछन कीचड़ में, उज्ज्वल चारित्र्य डुबोती।

यदि पुलिस न रक्षक होती।

दिन-रात, गली, आँगन में, आवारा निरे निठल्ले।
करते जमकर हो हल्ला, कब कर्मशीलता सोती

यदि पुलिस न रक्षक होती।

दहशतगर्दी दुर्जन की, यों बेलगाम हो जाती।
लुट जाते, बड़े-बड़ों के, इज्जत के हीरे-मोती।।

यदि पुलिस न रक्षक होती।

मुफ्तखोर, शातिर, इतने, निर्भय, दुर्दम हो जाते।
जो चीज न उनकी होती, जतलाते निजी बपौती।

यदि पुलिस न रक्षक होती।

गलियों में छीना-झपटी, राही लुटते सड़कों पर।
अपहरण आम हो जाते, बढ़ता व्यवसाय फिरौती।

यदि पुलिस न रक्षक होती।

होती न जरूरी चोरी, बढ़ जाती लूट-डकैती।
रंगदारी मुस्टण्डों की निंदिया अमीर की खोती।

यदि पुलिस न रक्षक होती।

मनचले हरकतें करते, व्यभिचार बहुत बढ़ जाते।
अहिवात लुटा अबलाएँ रह-रह कर नयन भिगोतीं।

यदि पुलिस न रक्षक होती।

सुत-पिता, पिता थे दादा, अब है सुत दादागीरी।
फिर भी भय-वश वह मनके, घट चलन न हार पिरोती।

यदि पुलिस न रक्षक होती।

32. आम व खास आदमी

जिसने भव्य-भवन, वाहन, महँगे आभूषण वसन,
अनूठे रुचिकर भोजन भी अपनाये।

वेद, कुरान, बाइबिल के, अच्छे व्याख्याता,
वे समाज को समरस जीवन कब दे पाये?

कथनी के अनुरूप किया खुद, कभी न कुछ भी।
फलतः खास और आम में, बँटते आये।

शुद्ध-अशुद्ध, अपावन-पावन, बहुती में कुछ,
अपनेपन पर, अपनों से ही अति इतराये।

कर डाला अस्पृश्य, पतित, गरीब, अनपढ़ भी।
त्रस्त किये, कुछ को दुत्कारे, दूर भगाये।

हुए मौन निर्बल, सशक्त वाचाल बन गये।
जिसने मानव समरसता के मूल्य गिराये।

माना सम्भव कब समानता, सभी तरह की,
अरे प्राथमिक हक में तो नर, समता पाये।

अपमानित भी हो न जूझता, आम, खास से।
हीन-भाव की पीडा वह, किसको बतलाये।

यों पीडित की आह, दाह कर सकती जग का,
कंस, दशानन परम्परा पर, यदि बौराये।

सारे जग में सुमन छोड़ते, महक सुहानी।
जिसे वायु हर खास-आम तक झट पहुँचाये।

सुमनों की सुगन्ध, सुन्दरता, सुलभ सभी को।
करने विधि ने, विविध पुष्प पौधे उपजाये।

किन्तु नहीं आवंटन इनका, खास, आम गत,
उसने ही समीर, जल, भोजन सहज दिलाये।

अरे! खास तू कब खासी- ''खुशबू छोड़ेगा?''
जो अचार बनने न आम कुछ विवश दिखाये।

33. कैसा जुनून?

अपने उद्भव से अब तक यों, जाने क्या-क्या कुछ अप्रिय किया।
मनभावन प्यास लिए वर्जित, घट-घाटों ज्यों मालिन्य पिया।

मानवता मानद रहा शिथिल, विपरीत मनुजता अभय जिया।
कर पंगु मरण-जीवन दोनों, कलुषित भविष्य शृंगार लिया।

कुछ ज्ञान न था शुभ कर्मों का, अनुचित की परिणति भान न थी।
आँखों लाली अभिव्यक्ति परुष, चहरे पर तब मुस्कान न थी।

अनगढ़ अतीत ने झकझोरा, सब अनुपयुक्त कृत्यार्थ लगा।
मनहूस महत्वाकांक्षा ने, मम जीवन सत्यानन्द ठगा।

रह गया स्वार्थ-परमार्थ बीच, ज्यों स्वर्ग-नर्क के मध्य खड़ा।
यों मुझको जीत न हार मिली, कारण मैं रण-भटकाव लड़ा।

हे मानव! मूल्यों के जुनून, तू मेरे अभ्यन्तर में आ।
कर सकूँ सिद्ध जीवित होना, अब तो ऐसी प्रेरणा जगा।

मैं शेष रहे जीवन को ही, अब तो परहित मैं ही जी लूँ।
उन असहायों, असमर्थों के, आशीषों का अमृत पी लूँ।

आशीष वचन की अमिय बूँद, कानों में ऐसी मथ जाये।
जो पर पीड़ा के चलने तक, मन, अमिय-सिन्धु भी ठुकराये।

सेवार्थ समर्पित हो जाऊँ, ऐसा उभरे अंतः जुनून।
गत नासमझी पर पछताऊँ परहित में ही पाऊँ सुकून।

34. अगड़ा-पिछड़ा

मुझे कोई पिछड़ा ना कहे, मैं अगड़ों की गत भूल हूँ।

क्यों थी उन्हें मुझसे गिला? पानी न ऊपर को बहे।
आखिर उन्हें भी क्या मिला, किसी भ्रम मैं कोई न रहे।
क्यों मैं लगा प्रतिकूल हूँ?,
मुझे कोई पिछड़ा न कहे, मैं अगड़ों की गत भूल हूँ।

वे रख अपढ़-अनगढ़ मुझे, पा गये पद ऊँचे नये।
कभी हक से वंचित कर मुझे, वे अगड़े खुद ही बन गये।
मैं जबकि मानव-मल हूँ।
मुझे कोई पिछड़ा न कहे, मैं अगड़ों की गत भूल हूँ।

कोई और था न गैर मैं, निज हैसियत खोता रहा।
था समय का मारा हुआ बस हिकारत ढोता रहा।
क्यों अब भी चुभता शूल हूँ?
मुझे कोई पिछड़ा न कहे, मैं अगड़ों की गत भूल हूँ।

थी घटिया न कुछ जिंदगी साहस समत्व न कर सका।
जिस मूल की पहिचान था खातिर न उसके मर सका।
अब भी न क्यों अनुकूल हूँ?
मुझे कोई पिछडा न कहे, मैं अगड़ों की गत भूल हूँ।

35. मजदूर की महत्ता

हड्डियाँ पत्थर जैसी, हिम्मत भी लोह सी,
निष्ठा भी कर्म के प्रति, अपनों के मोह सी।

उसका दिल मोम जैसा, फितरत ईमान सी,
हुक्म की तामील उसे, बकरी के कान सी।

मेहनत के काम में, उसे कभी हार नहीं,
मजदूरी का बस उसे, शाम को सवाल है।

अगर मना भी कर दे, कोई दुर्जन दबंग,
तो भी मजदूर हृदय, कुबेर से विशाल है।

निकम्मे झड़ा लेते, ठगी पेड़ से पैसे,
श्रमिकों को मुफतखोरी से, सदा मलाल है।

पूँजीपति रो देते, एक एक पैसे पर
उसको मिश्रण सिमेन्ट-रेत का ही माल है।

ऐसे ईमानदार कर्मठ का ध्यान किसे?
अजब सी अट्टालिकाएँ, जिसका कमाल है।

बनायी इमारतें, विद्यालय व अस्पताल,
बाँध सड़क बनाता है, फिर भी बेहाल है।

36. जीवन-सड़क-सफर

भीड़ वाली ये सड़क सूनी न होती,
दौड़ते रहते मनुज अगणित भ्रमण में।

पा रहा गन्तव्य कोई सजगता से
कई अनियंत्रित समाते, धूल-कण में।

हे मुसाफिर बहुत चालू है सड़क ये,
इस तरह चालू कभी तू, खुद न होना।

कहीं उथले, कहीं गहरे, भयानक से,
खन्दकों में नहीं, निज अस्तित्व खोना।

देखते खतरे नहीं, पर दौड़ते सब
हो न हो चलने सड़क पर, जगह खाली।

काम आती कब किसी को, वहाँ पर ये
नियम के विपरीत तेजी तैश वाली?

जरूरी कर्तव्य से पीछा छुड़ाकर,
जबरिया अधिकार मालिक मनुज बनता।

पराये अधिकारों को कर, दरकिनार,
उन्हीं की हक मिन्नतों पर, वह उफनता।

चलो आओ सीख लें, चलना सड़क पर,
साधना कर्तव्य औ अधिकार की ये।

लक्ष्य पाना भी यहाँ, निर्भर स्वयं पर,
मानवी रफ्तार की दरकार सी ये।

बिना सुविधा-शुल्क की जीवन-सड़क ये,
सद्भाव का हम-सफर लेते दिख चलें।

उम्र के हर किलोमीटर फासलों पर
हम नेकियत की नित इबारत लिख चलें।

37. सिसकती-आजादी

स्वतंत्रता के सुकून में, अलमस्त बेख़बर लोगों
सुनो ये कराह, सिसकियाँ, किस दिशा से, आ रही हैं?

क्या आजादी उत्सव में निज सरगम सुना रही हैं?
समग्र सामाजिक चादर, अब भी बड़ी बदरंग है।

जातीय धागों में वही-गाँठ, ऐंठन का रंग है।

ओढ़ते-बिछाते, चुभती, कद-काठी बढ़ा रही हैं।
झिरझिरी चादर शीत में भारत को कँपा रही है।

सोचा था झीनेपन को, प्रेम के धागे भरेंगे।
एक साथ आक्रान्ता के-दाँत भी खट्टे करेंगे।

कुछ लोग, एकजुटता की, चादर खुद फाड़ रहे हैं।
निज गुप चुप अभियानों से अमन, अवनि गाड़ रहे हैं।

38. बदलती-पहिचान

सज्जनों के शहर में, सत मिला न कोई जन।
खोजने से एक भी, वहाँ बुरा मिला नहीं।

संशयों के ढेर में, यथार्थ का हुआ विलय
गाँव बुरों अच्छों के अलग अलग बसे नहीं।

सत्य, झूठ, बीच हुआ, ताल मेल का विकास
धूमिल पहिचान हुई, यथार्थ दीखता नहीं।

जाति, देश, धर्म, नाम, उच्चता उभार व्यर्थ।
निरीह प्राण का जहाँ, प्रलाप कुछ थमा नहीं।

मोक्ष यज्ञ, तकरीरें, व कल्याणक हो रहे।
झुलस रहा है जीवन, बदनीयत जली नहीं।

डगमग विश्वास और, कर्मठ के कथन कर्म,
सोचनीय, मानवीय, नशा लते टलीं नहीं।

हीन व्यवस्था समाज, अनियंत्रित कामकाज।
भ्रष्टता विरुद्ध सख्त, कभी मुहिम चली नहीं।

रोजगार हीन युवा, उग्र हुए हर जगह।
तरुणाई हो उपकृत, योजना कोई नहीं।

नेता, गुरु, उपदेशक, गली, गली बेशुमार,
प्रजा, शिष्य, श्रोतागण, यहाँ कहीं बचे नहीं।

लगता है कुछ तो भी, हो गया है आदमी को,
खो रहा जो पास था, नई दिशा मिली नहीं।

39. नेता

क्या नेता ऐसे होते हैं? जो अपनी साख डुबोते हैं।

राजनीति में हर दल देखो, कुछ नेता सिद्धान्त हीन हैं।
जिसे कोसते रहे कभी वे, उस दल मैं होते विलीन हैं।
यों हर दल को दल-दल करते, अनुचर तो फँस कर रोते है।
क्या नेता ऐसे होते हैं? जो अपनी साख डुबोते हैं।

मंचों पर विकास के वादे, शीघ्र अमल का दावा करते।
सच्चे जन सेवक होने का, कुछ दिन खूब दिखावा करते।
जब जनता उनको चुन लेती, शाही निद्रा में सोते हैं।
क्या नेता ऐसे होते हैं? जो अपनी साख डुबोते हैं।

धन लोलुप अतिवादी इतने, जन प्रश्नों पर धन्धा करते।
लोक-तंत्र का उजला दामन, भ्रष्टाचारी गन्दा करते।
लाखों के हक को डकार भी, लज्जित कभी नहीं होते हैं।
क्या नेता ऐसे होते हैं? जो अपनी साख डुबोते हैं।

उनका साथ नहीं देते जो, उन परिवारों को लड़वाते।
जिससे मन-मुटाव हो जाये, उसको बेइज्जत करवाते।
नीति न्याय पर अड़ने वाले, चैन भरा जीवन खोते हैं।
क्या नेता ऐसे होते हैं? जो अपनी साख डुबोते हैं।

कभी आस्था औ शरियत की, धर्म दुहाई दे उकसाते।
भारतीय गणतन्त्र-भवन की, संवैधानिक नींव हिलाते।
यों स्वदेश की सम्प्रभुता से बड़े छलावे अब होते हैं।
क्या नेता ऐसे होते हैं? जो अपनी साख डुबोते हैं।

सत्ता, जनाधार के भूखे, मन्दिर, मस्जिद भी तुड़वाते।
उकसा कर भोले-भालों को, अभियानों मे सिर फुटवाते।
बिन खरोंच कुर्सी पाकर वे, नहीं किसी के भी होते हैं।
क्या नेता ऐसे होते हैं? जो अपनी साख डुबोते हैं।

वोटों के खातिर आपस में, धर्म, जाति के जंग कराते।
जनता में सद्भाव एकता इक झटके में भंग कराते।
उन्हें अमन से क्या लेना है, बीज नफरतों के बोते हैं।
क्या नेता ऐसे होते हैं? जो अपनी साख डुबोते हैं।

40. बदलता व्यक्तित्व

बदली रीति, नीति, लोगों की, पहले जैसी बात नहीं।
कृष्ण -सुदामा विषम मित्रता, जैसे अब हालात नहीं।

निस-दिन काम, कमाई अच्छी, सोने को भी रात नहीं।
मुट्ठी भर चावल बन सकते किसी तरह सौगात नहीं।

हैं समर्थ सम्पन्न लोग भी, पर बदली जीवन शैली।
मँहगे मीठे बोल हो गये, बढ़ी बेरुखी, तंग दिली।

यहाँ-वहाँ घर बाहर देखो, उखड़ा-सा लग रहा मनुज।
सरस मिलन सम्बन्ध खो गये नीरस हुआ हृदय अम्बुज।

घर-घर पुत्र अनुज अग्रज अब, मर्यादा मर्दन करते।
उजड़े से लगते रिश्ते सब, निजता पर बेहद मरते।

होता नहीं यकीन किसी पर ऐसी भ्रामक प्रीति चली।
लोगों की विश्वास कसौटी लगता हिम्मत हार चली।

वाणी में विरोध झुँझलाहट, आँखों सुरखी अनख दिखे।
अनपढ़ भी पढ़ लेता उनके, बद चेहरे दुर्भाव लिखे।

प्रतिस्पर्धी दौड़ चरम पर, प्रतिमानों को रौंद रही।
आपा धापी का यों आलम समझ न आता गलत सही।

बातों बातों समय बिताते, काम किसी को एक नहीं।
अकर्मण्यता के पोषण का, सतत इरादा नेक नहीं।

कर्णधार हैं जो स्वदेश के, सबने निज नीयत बदली।
सिर्फ कमाई का जुनून है, मुहिम न कुछ उपकार चली।

मंत्री, नेता, अधिकारीगण, व्यापारी श्रम-दल बदले।
कर्तव्यों से मुकर रहे हैं, जिम्मेदारी के पद ले।

भ्रष्टाचार भीत, महँगाई, आम आदमी पर भारी।
संसद में धींगा मुश्ती है देख रही जनता सारी।

संसद में जन प्रश्नों पर भी, रिश्वत की हिकमत अमली।
शपथ देश-सेवा की लेकर, वचनबद्धता कहाँ चली?

घटक दलों को लालच देकर, निज खेमे में जोड़ रहे।
भ्रष्ट-तंत्र अभिसिंचित करते, प्रजातंत्र को तोड़ रहे।

नौकर पेशा यों बदला है, ज्यों ये उनका मुल्क नहीं।
काम नहीं करते लोगों के, जब तक सुविधा शुल्क नहीं।

वे हैं वरहस्त ऐसों के, जो दुपहर तक सोते हैं।
जब जागें जो कुछ कह दें तब, वही नियम सच होते हैं।

41. खूबसूरती

खूबसूरती का आदर होना चाहिए, शरारत का सलूक नहीं।
कुदरत के इस करिश्माई तोहफे से, बेवफाई की चूक नहीं।

शक नहीं नेक नीयत इंसानों पर, जो तहजीब से भेटते हैं।
दुनिया में दरिन्दे भी कम नहीं, जो न जाने क्या क्या कर बैठते हैं।

कभी आबरू से खेलने वाले गुनहगार, आरोप झुठला कर ऐंठते हैं।
तरस खाओ खुद पर खुदा के बन्दों, हैवानी फितरतें काम की नहीं।

छेड़ो जो सीता, शबनम सी बहिनें, क्या चिंता तुमको बदनाम की नहीं?
सजदे के क़ाबिल है ये खूबसूरती, हर रूपसी जन्नत की हूर है।

कामांधों को कालिका है, भवानी है, सुजन को उर्वशी है, खुदा का नूर है।
प्यार मंजिल-राह पर नूरी सजग है, छल फरेबी चाल से वह दूर है।

42. सहेली को पत्र

सनम है साथ, उनकी मैं नवेली हूँ
न जाने क्यों मुझे लगता अकेली हूँ।
यहाँ मैं आ गयी जब से, वहाँ तुम दूर हो मुझसे।
इधर दोनों अकेले हम, कि खुश तुम खेल सोनम से।
रहो सुख मैं सदा, सूरजमुखी घर लाडली बहना।
हमारा प्यार बच्चों से, बड़ी पुचकार से कहना।
बताना ये कि मैं मौसी चमेली हूँ।
न जाने क्यों मुझे लगता अकेली हूँ।

न मिलती तुम न ही करती कभी अब प्यार की बातें।
कभी बचपन ठिठोली मैं बहक कर मारती लातें।
न अब बालू घरौंदों मैं खिलौने रख छिपाती हो।
न मटकी, मोर मिट्टी के कभी मेरे मिटाती हो।
गया बचपन मगर वो ही चमेली हूँ।
न जाने क्यों मुझे लगता अकेली हूँ।

न होती मेह में अब दौड़, ध्वनि छप-छप सुनाती थी।
फिसल कर गिर गये तो चोट पर मिट्टी लगाती थी।
मयूरों, कोकिलों दादुर स्वरों में स्वर मिलाती थी।
हमें घन गर्जना विद्युत तड़क केवल डराती थी।
यहाँ सूने-आँगन पीर धकेली हूँ।
न जाने क्यों मुझे लगता अकेली हूँ।

कभी हम आम डाली पर, बहुत झूला चढ़ाते थे।
उदर मैं गुदगुदी होती, उतर कर खिलखिलाते थे।
वहीं पर गाँव के छोरे, कभी गइयाँ चराते थे।
तथा छिप वन्य-पशु बोली सुना हमको डराते थे।
न डर अब पर निसंतति त्रास झेली हूँ।
न जाने क्यों मुझे लगता अकेली हूँ।

न तुम क्यों बात अब उस ब्याह और बरात की करती?
मुझे फिर क्यों न बाँहों मैं कभी तुम खींच कर भरती?
अरे हम लाँघ कर बचपन, हुए हैं उम्र मैं ऊँचे।
व बिखरे रह गये कइयों, हमारे कद गली कूचे।
जरा सोचो, तुम्हारी मैं सहेली हूँ।
न जाने क्यों मुझे लगता अकेली हूँ।

तुम्हारे पास मैं पहुँची, मगर तुम क्यों न आती हो?
न पहले सी मुहब्बत का, कभी अब मन दिखाती हो।
बड़ा छोटा न कोई था, बराबर प्यार में थे हम।
बताओ हो गये कैसे, दिलों मैं आज ज्यादा कम?
संगिनी हूँ, तुम्हें लगती पहेली हूँ।
न जाने क्यों मुझे लगता अकेली हूँ।

न किलकारी यहाँ शिशु की, न आँगन में मचल जाना।
घिरी हूँ बीच सूनेपन, असम्भव-सा निकल पाना।
दृगों की नीर-पावस, पीर बन मुझको रुलाती है।
नहीं मातृत्व-देवी के हृदय में तरस आती है।
उठा ले मौत अब अति दर्द झेली हूँ।
न जाने क्यों मुझे लगता अकेली हूँ।

अरी! सूरजमुखी बहना, सुखी पतिदेव संग रहना।
सनम के साथ मैं भी खुश, तदपि मन मारकर बहना।
तुम्हारे आगमन की शीघ्र अब मुझको प्रतीक्षा है।
भुला लूँ दर्द कुछ तो भेंट तुमसे तीव्र इच्छा है।
न रुकना, जोड़ती दोनों हथेली हूँ।।
न जाने क्यों मुझे लगता अकेली हूँ।

पत्रोत्तर

तुम्हारा पत्र पाया है, चमेली माफ कर देना।
लगी हो बेरुखी मेरी, हृदय से साफ कर देना।
वहाँ कुछ है, यहाँ कुछ है, सभी बहराल है उलझन।
जिसे जो है उसे वह कम, असंतोषी फिरंगी मन।
कहाँ हर चाह कब पूरी हुआ करती?
दुःखी वे लोग जिनकी चाह तू मरती।
न बिचलित हो अरी! बहना, यह सब होता आया है।
तुम्हें मैं क्या कहूँ, जज़्बात ने कितना रुलाया है।
लिखूँ मैं फिर तुम्हें, उस धैर्य को सम्बल बनाना है।
बड़े हैं वे जिन्होंने विश्व को परिवार माना है।
यहाँ नारीय क्षमता भी निखरती है।
अरी! पगली वृथा ही क्यों बिफरती है।

43. भूखा-याचक

भूखा-याचक तेरे घर पर, आकर क्या ले जाता है?
रोटी-दो-रोटी में ही वह, अपनी मौज मनाता है।

विपदाओं के बीच पला है।
माँगा जो कुछ कहाँ मिला है?
किया कर्म-फल कहाँ टला है?
अपने पर ही उसे गिला है।

निज कर्मों की करुण-कहानी द्वार-द्वार दर्शाता है।
भूखा-याचक तेरे घर पर आकर क्या ले जाता है?

मजबूरी में बात पड़ी है।
आशा भी कुछ चीज बड़ी है।
विश्वासों में देय लड़ी है।
लगता है कुछ लिये खड़ी है।

विगत कुचाल, मलिन-कृति रोती, वर्तमान पछताता है।
भूखा-याचक तेरे घर पर, आकर क्या ले जाता है?

दुष्प्रवृत्ति नित नाच नचाती।
जाने क्या-क्या रूप दिखाती।
केवल रोटी हाथ न आती।
जीने की इच्छा गहराती।

कदम-कदम पर मौत डराती, दुःसाहस हिल जाता है।
भूखा-याचक तेरे घर पर, आकर क्या ले जाता है।

अकर्मण्यता लगे सरल है।
आलस-पोषित सुप्त गरल है।
दान प्रदाता भी सम्बल है।
जो न देखता याचक कल है।

देता पैसे, मयखाने जा, मय भी वह पी आता है।
भूखा-याचक तेरे घर पर, आकर क्या ले जाता है?

याचक का जिस घर हो आना।
भोजन तो भरपूर कराना।
किन्तु न दें धन, अनाज-दाना।
बेच पहुँच जाता मयखाना।

दिया दान भूखे बच्चों तक, कहाँ पहुँच भी पाता है?
भूखा याचक तेरे घर पर, आ कर क्या ले जाता है?

द्रवित हो अगर दाता का मन,
उपजे याचक से अपनापन।
बने सहायक निज उपार्जन।
उपकृत हों विशुद्ध भूखे-जन।

तो निश्चित ही इस विधि-क्रम का, सजग धर्म से नाता है।
भूखा-याचक तेरे घर पर, आकर क्या ले जाता है?

यद्यपि सबको लेना आता,
पर दानी सुपात्र का दाता।
पा कुपात्र, कुसमाज बढ़ाता।
दाता शुचि समाज निर्माता।

सुपात्र को दान, दान-प्रिय, जिसका शुभ से नाता है।
भूखा याचक तेरे घर पर, आ कर क्या ले जाता है?

44. पीताम्बरी

परिपक्वता, पवित्रता प्रतीक, पीताम्बर का चयन क्या कहना?
गुजरे जमाने में इसे साधु-संतों, महापुरुषों ने पहना।

वह साधनाम्बर था वह उज्ज्वलाम्बर था।
आज जिसे देखो पीला ही कर लिया।

या फिर कंधे पर पीला गमछा ही धर लिया।
पीत-वसनों से चारित्रिक चारुता नहीं आया करती।

बल्कि वह स्वतः अभ्यासी के पास पहुँच जाया करती
फिर पीलेपन से ढक जाया करती।

आज के अधिकतर शोभित पीले शुचिता खो रहे है।
फलतः पीताम्बर धारी संत अपमानित हो रहे हैं।

एक दिन सड़क किनारे खड़े साधु ने कई बार बस में बैठने,
हाथ का झाला दिया।

किन्तु सीट खाली होते हुए भी हर बस वाले ने,
उसे नजरअंदाज किया।

स्पष्ट है कई नकली पीत साधुओं ने किराया नहीं दिया होगा।
इसलिए पीत- वसन-धारी सच्चे साधु ने कष्ट व अपमान भोगा।
और वह आगे चल दिया।

45. मुझे वहाँ ले चलो

मुझे वहाँ ले चलो, जहाँ प्रजातंत्र हो, संविधान प्रभावी, नागरिक स्वतंत्र हो।
न कोई प्रलोभन व, न ही मोल भाव हो।
बिना दाब, धौंस, छल, जहाँ पर चुनाव हो।

मुझे वहाँ ले चलो, जहाँ, प्रजातन्त्र हो, संविधान प्रभावी, नागरिक स्वतन्त्र हो।
प्राविधिक स्वतंत्रता, धर्म काम काज हो,
बिना छेड़छाड़ के, आरती नमाज हो।

समस्या समाज में न, कोई दुरन्त हो, मुझे वहाँ ले चलो, जहाँ प्रजातन्त्र हो।
शिक्षा स्वरोजगार, सुअवसर समान हों।
सुनने विरुद्ध भ्रष्ट, शासन के कान हों।

न्यायी निष्पक्ष हो, इंसाफी सन्त हो, मुझे वहाँ ले चलो, जहाँ प्रजातन्त्र हो।
प्रशासकीय अमला, जिम्मा निज भूलता।
वेतन के संग घूस जबरिया वसूलता।

पीड़ित को न्याय, सजा दोषी तुरन्त हो, मुझे वहाँ ले चलो, जहाँ प्रजातन्त्र हो।
संसदीय सदन में, चिक चिक यदि खास हो,
तो भी न बिना बहस, कोई बिल पास हो।

विपक्षी बहस भली, जन-विचार तन्त्र हो, मुझे वहाँ ले चलो, जहाँ प्रजातन्त्र हो।
जन-सेवा के, लिए, समर्पण अखण्ड हो।
जन-हित, सुविचार की, प्रशंसा प्रचण्ड हो।

वही देश खुशहाल, अमन दिग-दिगंत हो, मुझे वहाँ ले चलो, जहाँ प्रजातन्त्र हो।
समता समीर बहे, हृदय-प्रेम छाँव हो।
मेरे तेरे की न-जूझ, काँव-काँव हो।

देश हितों के लिए, मीन, मेख, अन्त हो, मुझे वहाँ ले चलो, जहाँ प्रजातन्त्र हो।
जन मन में ईमान, काम का जुनून हो, ।
आचरण पवित्र ज्यों, सुगन्धित प्रसून हो।

रहें लोग खुश यों कि, साल भर वसंत हो, मुझे वहाँ ले चलो, जहाँ प्रजातन्त्र हो।
अपनी सी ही जहाँ, औरों की पीर हो।
बन्दी न विवश कहीं, ज्यों पिंजर कीर हो।

इसी लोकतंत्र की, साधना अनंत हो, मुझे वहाँ ले चलो, जहाँ प्रजातंत्र हो।
प्रेम पारगम्य यों ज्यों केवट नाव हो,
स्वामि-भक्ति दृढ़ यों कि-अंगद का पाँव हो।

नीति, रीति पारखी, कोई जामवंत हो, मुझे वहाँ ले चलो, जहाँ प्रजातन्त्र हो।
एकलव्य सी जहाँ, गुरु-भक्ति निर्मित हो।
सबक सावित्री फुले, बालिका शिक्षित हो।

कहीं गाँधी जैसा, स्वदेशी महंत हो, मुझे वहाँ ले चलो, जहाँ प्रजातंत्र हो।

46. कितनी सेनाएँ?

नाव से नदी पार करने, किसी कुशल नाविक को-नाव खेना होती है।
उससे अहम-किसी देश सुरक्षा-हित, एक नायक, एक सेना होती है।

इस भारत में, दुनिया से अलग है-राजनैतिक सेनाओं का प्रजातन्त्र।
यहाँ एक सेना नहीं, बल्कि शिव-सेना-परशुराम-सेना भी होती है।

प्रति-उत्तर में बना करती, भीम-सेना, सिमी, लिट्टे,।
सेनाएँ अगप सी, उनमें देश-भक्ति नहीं,
बल्कि कोई नयी सी-छिपी खुराफात होती है।

यों नहीं गिरायी जा सकती, 'सेना' शब्द की प्रतिष्ठा-असलियत कहीं पर।
हर स्वतंत्र देश में रक्षार्थ, सिर्फ एक ही- अनुशासित सेना होती है।

बहु सेनाओं का उद्भव, परस्पर संघर्ष-इरादे जाहिर किया करता।
सियासी ढुल-मुल रवैये में, भारत को सम्प्रभुता-, खोना पड़ सकती है।

47. देवता कौन?

वे देव नहीं हो सकते, जो अज, कुक्कुट, मधु माँगे।
सोचें पुनि, पुनि आराधक, जो निंदनीय पथ भागें।

रोगोपचार कब करते? बदले मैं वे कुछ पाने।
ऐसा होता न जरूरत, थी अस्पताल तक जाने।

जब पड़े महामारी तो, जन वारुणि मांस चढ़ाते।
अब भी कोरोना मौतें, वे देव रोक कब पाते?

वे रक्त-पिपासु न होते, ले पशु-बलि कुछ दे जाये।
गुमराही पुण्य बहाने, काटें मिल-जुल खा जायें।

देवता वही जों देते, सिख कृपा, करुण-पथ चलना।
कैसे हैं देव अगर वे चाहें पर प्राण निगलना।

ऐसा होता है न देव, पशु-वध करवाये, खाये।
देवी भी माता तब है-जब सुत प्रति प्रेम निबाहे।

मय, मांसाहार घृणित है, सुरता शुचि-रीति नहीं है।
वे पूज्य नहीं हैं जिनको, पर प्राणों प्रीति नहीं है।

देव कौन, नर स्वयं समझ, हिंसक होते, जग खाते,
वे इतने बलशाली हैं हम, तुम कैसे बच पाते?

देव को न निजी, पराया, वे प्राणि-मात्र दुलराते।
हिंसक निर्बल के घाती, ताकतवर से डर जाते।

48. आसमानी फितरत

वो आसमानी फितरत किसी को, आसानी से समझ न आती।
श्याम- केश, किलकारी आँगन की, कभी हँसाती, कभी रुलाती।।

असित गेसुओं का सफर अमूमन, उस सफेदी तक चलता रहा।
तोतलाहट, लड़खड़ पद-चाल से, दुनिया का प्यार पलता रहा।।

रोक दो उन फितरती लमहों को, किसी शिशु को लेने न आयें।
रंग सफेदी पर ही चढ़ता है, बलात काले पर न चढ़ायें।।

ये चुनौती नहीं तुमको कोई, केवल प्यार का तकाजा है।
यों कि तू प्यार का शहंशाह है, दुखियों का दयालु राजा है।।

49. कोरोना का कहर

अपने घरों से बाहर न निकलें, यहाँ लॉक डाउन, मौसम बेहद खराब है।
डर नहीं सर्दी गर्मी का लेकिन, कोरोना वायरस का मारक घिराव है।।

ऋतुओं में निकटताएँ, तुरत फासले, राजनैतिक आचरण से हो गये हैं।
रौब-रुतबा, जताते निजता वजूद, सैद्धान्तिक शालीनता खो गये हैं।।

वहीं अब पड़ोसी का, तुम्हारी भू पर बेवजह ही बढ़ रहा, बौखलाना है।
जरूरत नहीं लगायें, सूखी बातों के घास का ढेर, आग का जमाना है।

आज कोरोना की कवायद मैं उसने, तुम्हें उलझा देख यदि कुछ ठाना है।
माचिस की एक तीली की कीमत, व काम में अंतर विवेकी ने जाना है।।

सूख गये हैं, बीजिंग की बौद्धिक बगिया के वृक्ष, कब क्या हो क्या ठिकाना है।।
आपकी शुहरत की ईर्ष्या में, किसी भी दिन उसे, खुद को ही जलाना है।

कभी धोखे से वार न करना, अच्छी नीयत रखने से, सफल हो जाना है।।
दगाबाज हारता तो है ही अंततः, अपना सभी अस्तित्व भी खोता है।

उसे विवश कर दे यदि धरती लोलुपता तो निःसंकोच उठा लेना हथियार।।
वह आगे बढ़े तो भूल न पाये कभी, क्या होती है भारतीयों की मार।।

50. सत-पथ प्रयाण

स्वाभिमान सत-पथ राही मैं, अप्रिय राह स्वीकार नहीं।
असत, भीरुता-पथ जन्नत भी, पाने को तैयार नहीं।।

सामाजिक कुरीति अश्वों की, होता पीठ सवार नहीं।
प्रीति-रीति-पथ पैदल चलता, सुनता सठ ललकार नहीं।।

मेरा कोई मीत न दुश्मन, कटु विनम्र व्यवहार नहीं।

नहीं किसी से अतिशय अनबन, खास किसी से प्यार नहीं।।
मरघट में जी लेना अच्छा, जहाँ मृत्यु प्रतिकार नहीं।

सूनापन ही सिर्फ खलेगा, सच्चाई से प्यार नहीं।।
पंक सुगन्ध नहीं दे सकता, हृदयहीन भी प्यार नहीं।

वे प्रवचन कर्ता क्या देंगे, जिनमें सद् आचार नहीं।।
पंकज जनक पंक हो सकता, बन सकता अत्तार नहीं।

जिनमें नैतिक बल चरित्र का कुछ भी कर्माधार नहीं।।
ऐसों का पाण्डित्य प्रबोधन, फलप्रद किसी प्रकार नहीं।

इस मशीन युग के मानव का, हृदय अचेतन पीर नहीं।।
केवल तन-बल, धन-बल मानी, पर दुःख पलकों नीर नहीं।

खुली सोच सच्चे मन वाला, जिसके हृदय गुबार नहीं।।
ऐसा सद् सान्निध्य मिले तो किसी तरह इंकार नहीं।

सब समाज संगठित प्रफुल्लित, हो जातीय दरार नहीं।।
धर्म, धरा, धन, पद के कारण, हो कोई तकरार नहीं।

अगर हुआ न सुपथ अनुकुलन, तो जनता दरबार नहीं।।
विघ्न प्रश्रयी या कि विवश है, वह कोई सरकार नहीं।

परम शक्ति हो प्रकट, न दुर्दिन और नये प्रतिमान जने।।
तेरी पद-रज छू जाने से, पत्थर भी इंसान बनें।।

51. मेरा नगर, एक झलक

यह भारत, मध्य प्रदेश, जिला- शिवपुरी, नगर खनियांधाना।
स्वागत करता, तुम एक बार, इस अंचल में जरूर आना।।

नृप खलकसिंह जूदेव यहाँ, इक थे स्वतंत्रता सेनानी।
वापसी फिरंगी की करने, जिद बड़ी उन्होंने थी ठानी।।

सीता पाठा शिव-मंदिर पर, आजाद-चंद्रशेखर लाये।
जिसने आजादी की खातिर, गुपचुप कटु तेवर दिखलाये।।

काकोरी काण्ड किया जब से, गोरों का संकट गहराया।
अल्फ्रेड-पार्क में आहुति दे, अंततः तिरंगा फहराया।।

महराज खलकसिंह जू द्वारा, सीतापाठा ठहराने से।
बन गया तीर्थ खनियांधाना, उस क्रान्ति-वीर के आने से।।

गणतंत्र दिवस सन् दो हजार, औ बीस शुभ समय जब आया।
उसने स्वमूर्ति का अनावरण, श्री के.पी. सिंह से करवाया।।

सीतापाठा से आगे चल, हनुमान टेकरी भी देखें।
गोविन्द बिहारी, गायत्री, माता-मंदिर, गणपति देखें।।

नंदीश्वर, विद्यासागर जी, गुरुकुलम ज्ञान-मंदिर देखें।
हिन्दू, जैनी मंदिरों सहित, त्रय मुस्लिम मस्जिद भी देखें।।

चलकर सुदूर कुछ प्रकृति गोद, पनरिया नाथ, गोमुख झरना।
आकर्षित करते वन्य दृश्य, दर्शक चाहे नयनों भरना।।

जिन मंदिर गोलाकोट दिव्य, भव्यता वास्तु दर्शाता है।
आने वाला दर्शक सुदूर, श्रापसी न मन कर पाता है।।

हिन्दू, मुस्लिम, जैनों का ये, खनियांधाना जंगम-सा है।
ज्यों गंगा, यमुना, सरस्वती, सद्भाव मिलन संगम-सा है।।

कुछ अन्य मंदिरों के दर्शन, अब बौद्ध किरण आभा पायें।
स्वागत है जब भी समय मिले, खनियांधाना जरूर आयें।।

श्री के.पी. सिंह कक्का जू ये, अनुभाग पिछोर विधायक हैं।
सन् उन्नीस सौ तिरानवे से, अब तक ये प्रगति नियामक हैं।।

खनियांधाना परिक्षेत्र खास, पिछड़े को भी चमकाया है।
बेरोजगार युवकों ने अब, कुछ ठौर-ठिकाना पाया हैं।।

मंत्री रहते दो बार यहाँ, शाला, क्रीडांगन दिलवाये।
न्यायालय, बुधना बाँध सहित, टंकी, अस्पताल भी बनवाये।।

निस दिन सम्पर्की शैली में, जन उलझन हल करते आये।
स्मृति अब काम नहीं करती, बाबू ज्यादा कुछ लिख पाये।।

आदत है नहीं प्रशंसा की, पर सच तो कहना पड़ता है।
दिख रहा सामने झुठलाना, मानव विवेक क्या, जड़ता है।।

संयोग बड़ा, इस नाम राशि, श्री के. पी. यादव सांसद हैं।
पूर्वाग्रह छोड़ अगर सोचें दोनों प्रतिनिधि ऊँचे कद हैं।।

श्री लक्ष्मी नारायण गुप्ता, श्री भैया साहब जी लोधी।
श्री के. पी. सिंह जी से पहले, दोनों रह चुके यहाँ मंत्री।।

श्री भानुप्रताप सिंह राजा, श्री कमलसिंह पडरया नायक।
गुप्ता जी के बाद यहीं से, दोनों ही रह चुके विधायक।।

52. चीन से अपेक्षा

क्यों न हम नवनीत से ये दिल बनायें?
मन-मुटावी कारणों को भूल जायें।

क्या मिला बरसों परस्पर तनावों में।
त्याग नफरत, प्रेम के, बिरवा उगायें।

जुझारू क्षमता किसी की, कम नहीं अब।
वर्ष बासठ का न डर, फिर से दिखायें।

बन्द हो घुसपैठ लद्दाखी जमीं पर।
भूल कर भी पग नहीं आगे बढ़ायें।

शहादत गलवान घाटी, की कसक को।
कुछ हवा देकर न इतना बौखलायें।

हम नहीं कमजोर या अतिक्रमणकारी।
है यही अनुरोध वापिस लौट जायें।

गैर से सद्भाव की होती अपेक्षा।
हम पड़ोसी हैं न आपस मैं डराएँ।

मानवी ऊँचाइयों का वक्त है ये।
व्यर्थ में क्यों और को आँखें दिखायें?

मानवी संवेदना का दौर आये।
क्यों न हम भी इस दिशा में दौड़ जायें?

हर खुशी मेरी हँसाये, क्यों न तुझको?
क्यों न तेरे दर्द भी मुझको रुलायें?

53. क्रोधानल

परायों के साथ अक्सर सहज गुस्सा, गलतियों पर भी न अपनों को डपटते।
उभरता विद्वेष सामाजिक सतह पर, कभी दो दो हाथ करने से न हटते।।

कभी निज बच्चे किये होंगे प्रताड़ित, सहा होगा बाद में अपनत्व का गम।
ये कहानी हर किसी के हृदय की है, पर न मानव क्रोध फिर भी है रहा थम।।

क्रोध तो अब वासना की हवस में भी, ना समझ मासूमियत को मार देता।
देखते हालात हम तुम निर्बलों के, सताया सपने सुहाने हार देता।।

अर्थ-बल भुजबल भरे, अहमन्यता पग, प्रेम रिश्तों की सड़क कब रौंद डाले।
उन्हें क्या गन्तव्य हो बाधित किसी का, सौम्यता से हम समस्या हल निकालें।।

अहम् पोषित क्रोध, जीवन अरण्यक के, मनुजता, करुणा, क्षमा पादप जलाता।
वश न चलता किसी का रोके तबाही, जब कहीं अपमान शोला धधक जाता।।

अकड़नें खुशहाल जीवन जकड़नें हैं, क्यों न खिलते फूल सा जीवन जियें हम?
मुस्कुराहट प्रेम की खुशबू बिखेरें, नफरती दुर्भाव बदबू सब करें कम।

भूल अपनी बेझिझक स्वीकारते जो, निजी घटिया हरकतों को रोक देते।
वही सभ्य समाज के श्रद्धेय पण्डित, प्यार से ही नकचढ़ों को टोक देते।

क्रोध अंगारों झुलसता मनुज उपवन, आइए हम शान्ति- जल, जल-निधि उड़ेलें।
कलयुगी यदि हम अमानुष तो नहीं है, जो पतन के दुर्गुणों का खेल खेलें।।

54. ये ज्यादती क्यों?

चन्द्रमा-सूरज ग्रहण का, सच समझ में नहीं आता।
बन्द कर पट मंदिरों के, पुजारी ईश्वर छुपाता।

किसी के जीवन-मरण का, स्वयं है जो अधिष्ठाता।
यों अपावन नहीं होता-न ही डर सकता विधाता।

राहु-केतु अगर बली तुम, सूर्य, शशि को क्यों सताते?
इन्हीं का उपकार जग को-सभी के हर प्राण नाते।

ग्रसो मत शशि, सुहागिन हित, बोल सुनलो, बिनीता के।
यों कि करवा चौथ निशि में-छलनियों सौभाग्य झाँके।

नमाजी भी ईद संध्या, चन्द्रमा की बाट जोहे।
ये अहम अवसर चुकाना-समझदारों को न सोहे।

ऊष्मा आदित्य से ही, चल रहा संसार जीवन।
ग्रसित हों चंदा न सूरज, पर ग्रहण का हो विसर्जन।

चन्द्र-वंशी सूर्य-वंशी, विविध-वंशी एक ही हैं।
रहा होगा विभ्रम ही कुछ-आज सारे नेक ही हैं।

विगत कंटक बिटप जड़ को, हम न आगे और सींचें।
बनायें खुशहाल भारत-रूढ़ियों से हाथ खींचें।

55. बड़े-नाखुन

मातृ-सतात्मक परिवारों में, जब एक शादी की चर्चा चली।
तो कोरोना लॉक-डाउन बीच-शुभ फेरों की सम्भावना पली।

दोनों परिवार अधिक गरीब थे, लड़का लड़की वय में करीब थे।
भावी समधनों बीच झट-पट ही-सारी रूप रेखा बनने लगी।
दहेज-स्मृति यादगार तुरत जगी।

लड़की की माँ बोली, सुना है कि
तुम्हारा पियक्कड लाडला स्वयं, बड़े लम्बे नाखुन रखता है।

बाइक की जिद में नोचता है, शिक्षित है किन्तु क्या सोचता है?
काश बेटी के साथ यही हुआ ....?

उत्तर था, सुनें, समझें व परखें, उसको कभी पिलाकर तो देखें
विरोधियों की बात सच न लेखें।

वह पियक्कड़ों को नोचता है, उसे बडे नख जैसे शौक निरे,
वह पागल नहीं कि, नौचता फिरे।

समझो यदि जोड़े मैं समता हो, तथा यह रिश्ता तुम्हें जमता हो
तो सोच समझ कर तय कर लेना।

बात अगर बन जाये तो खुश हो, जो चाहो तुम देना, मत देना।
बस नेलकटर तुम जरूर देना।
काट दूँगी मैं उसके नाखून, और बेटी का घर बसा लेना।

निर्धन शिक्षितों में नया फैशन, आशिक्षितों में पिछली परम्परा।
सामंजस्य मुश्किल हो रहा है, निर्वहन भी लोगों का अधमरा।

56. पैसा

बहुत कुछ होकर न कुछ भी, कहीं पैसा समझ वालो।
किसी पैसे से मरे को, कभी जीवित तो करा लो।

कौन, जो जल अन्न त्यागे, मौत से खुद को बचा ले?
तृप्त करने भूख को जो, गिन्नियाँ सिक्के पचा ले।

पा सकें अंधे नजर यदि, झट करो, कल पर न टालो।
आज मानो शक्ति पैसा, धर्म पैसे का निभालो।

सूखती जल बिन फसल को, क्यों न पैसों से सिंचा लो?
प्राणियों की प्यास भी तो, उसी पैसे से बुझा लो।

नहीं सम्भव बिना पानी, अन्न धरती पर उगाना।
नहीं पैसों से हुआ है, कभी मौसम भी सुहाना।

आपदाएँ प्राकृतिक भी, कहाँ पैसे से मिटी हैं?
चतुर्वर्णी शक्तियाँ कब, सिर्फ पैसे से पिटी हैं?

कहाँ लँगड़े या कि अंधे, तेज सड़कों दौड़ पायें?
कहाँ पैसे ने अकेले योग्यता के पद दिलाये?

अतः पैसे के लिए ही, निरर्थक अभियान कैसा?
हर समस्या का निवारक, नहीं होता कभी पैसा।

57. कभी कभी

कभी कभी ऐसा लगता है,
आखिर सारा जीवन क्या है?

सुबह उठते ही रोजी का काम।
रात में ही बस थोड़ा विश्राम।

कुछ लोग क्यों अपने हो जाते हैं?
उनसे भी अपेक्षाएँ तमाम।

नहीं तो भूल जाते हैं लोग-
कभी उन सभी अपनों के नाम।

वे प्रतिद्वन्द्वी बन जाते हैं।
अपने रुख पर तन जाते हैं।

खोजते अनिश्चित सा मुकाम
किन्तु आ जाती जीवन शाम।

थकते, थकते, देने लगते,
स्वयं निज जीत, हार परिणाम।

जीत पर जश्न, हार पर प्रश्न-
चैन का एक पल भी हराम।

खुद के लिए नचाती हुई,
ये जिन्दगी हो गयी निकाम।

कभी सुलाती, कभी जगाती-
पुनः आती, वही सुबह-शाम।

दिलाती रही जीवन विराम।
कभी थी न है तेरी गुलाम।

कुछ मुक्तक

भारत उदय

असमानता में अस्त हैं- सब गाँव शहर भारत।
परेशान हैं लोग-उनकी खुशियाँ है नदारद।

क्या रंग लाता है-आज ये भारत उदय अभियान?
देखना है अपने शासन का, विवेकी महारत।

मिटा दिया यदि, सामाजिक विषमता कोढ़-तो
ऐतिहासिक बन जायेगी, भारत उदय इबारत।

महमानी

यद्यपि हम महमानी पर, कम ही निकलते हैं।
किन्तु अतिथि देवोभव, उसूलों पर चलते हैं।

और उनकी खुशामद भी- हम करते हैं खूब।
वे आजमाते हैं यों, कि टाले नहीं टलते हैं।

कैसे चलाया करते- अपनी गुजर यजमान?
उनकी हालत पर महमान, कब पिघलते हैं?

पीने की परिणति

जब बड़े लोग पीते हैं, तो मातहतों को चढ़ती है।
अजीब से माहौल में, शैतानी-दबंगी बढ़ती है।

विद्रूपता को बना दिया करती, पूजनीय आदर्श-
अनचाही, अनगढ़ सी- लापरवाह पीढ़ियाँ गढ़ती है।

लिखती अशिष्ट इतिहास, जिसे पैतृक
सदाचार समझ, शिष्ट पीढ़ी भी पढ़ती है।

बिना काम चले नाम

अँधेरों में रौशनी की, चाहत होती है।
कभी मिलती, तो काम में राहत होती है।

सूर्य डूबते ही लोग, दीपक जलाते हैं।
पर प्रकाश पाकर, सचाई भूल जाते हैं

यों कि, न सूरज डूबता, न दीपक जलता है।
कैसे दौड़ते वाहन, या उड़ते वायुयान?

उनकी वाह-वाही में कुछ और जलता है।
छोटों की बलियों पर, बड़ा नाम पलता है।

दबी नींव पर इमारत, बुलन्द होती है।
ज्यों मनुजता-नींव, अमानस भार ढोती है।

प्रकृति-धर्म

धरा पर मंदिरों में पण्डित, मस्जिदों में मौलवी-
चर्चों मे पादरी, प्रवचन तकरीरें करते रहे।

वहीं आजतक श्रोताओं से, न जाने किस किस तरह-
दुनिया के लोग बस पेट के लिए ही मरते रहे।

भीतर नहीं पहुँच पाया, ऐसे भी धर्मों का सच।
आज भी कम नहीं लोगों, उसी भूख का कोहराम।

मिलना ही चाहिए उन्हें, पहले रोटी रोजगार।
तो ही याद रह सकता है, ईशु, अल्लाह औ राम।

कुछ कर्मचारी

जिन अधिकारी, कर्मचारियों के काम, जनता को अहम होते हैं।
अरे किस किस का नाम लें, उनमें कुछ भूखे ही पैदा होते हैं।

पाप

वे लोग किसी भ्रम में न रहें, जो जानबूझकर बड़े पाप करते हैं।
उन्हें प्रथम बार कोई छोड़ दे शायद- पर भगवान कभी माफ नहीं करते हैं।

जीवन-रथ

सुख-दुःख पहियों वाला, जीवन-रथ,
हमारा नहीं, हमें चलाना है।

प्रेम की चिकनाहट से रख तरबतर-
इसे गन्तव्य तक पहुँचाना है।

वह पहुँचे न पहुँचे,
हमें अपना हर दायित्व निभाना है।